相続になっても困らない

地主・農家さんのための

"負"動産

対策

沖田不動産鑑定士・税理士・
行政書士事務所　**沖田豊明**

夢相続・相続実務士®　**曽根恵子**

CROSSMEDIA PUBLISHING

親子3代で資産を無くさない 相続対策

土地評価・物納のプロ
沖田豊明

相続実務士の第一人者
曽根恵子

税理士・不動産鑑定士として、相続実務士として、両著者合わせて数万件以上にも及ぶ相続の問題を解決に導いてきたエピソードとともに、「農家マインド」の脱却のススメや、相続税対策のための「相談の入り口」などについてお伝えします。

「税理士・不動産鑑定士×相続実務士」から お伝えしたいこと

沖田 本書が生まれるきっかけは、曽根さんの"**遺言書のセミナー**"に、当方らが参加したことでしたね。セミナーの後にたくさんの方たちが「遺言書の書き方を教えてください！」と、列をなしたことに驚きました。

曽根 ありがとうございます。世間に数ある税理士法人さんの中でも、生前対策を意識して、それに対応できている方たちはまだ少ないのだそうですね。

沖田 そうなんです。一般的な税理士さんからすると、普段の記帳や確定申告をしつつ、相続後の対応も申告書を作成するのが大半の仕事で、あえて手間をかけてまで生前対策のフォローをしないか、できないという実情があります。

　けれども、それはご依頼主さん、本書でいえば地主・農家さんからすると大きな損をしているだけに、「生前対策」の場面でも、私たちがお手伝いできることがあると事務所一丸となって力を入れています。

曽根 相続実務士の立場からすると、生前対策で節税案を提案しても、相続に対して知見のある税理士さんは一定のプロの方に限られますね。一般的な税務には精通していても、相続の場面には不慣れな方がいらっしゃいます。

沖田 そうなんです。**相続時だけに、これまでお付き合いある税理士さんとは別に専門家を頼むという発想**を、この本をきっかけに、地主さんや農家さんに持ってもらってもいいと思います。

曽根 相続の際の特例や土地、不動産のことなどの知識やノウハウは、専門性をともないますからね。

沖田 その点で言えば、私自身が農家の長男で、当事者目線でお話しできることがありますし、地主・農家さんのための「物納」に関しては、どの事務所よりもノウハウを蓄積しています。

曽根 ちなみに、私たちも現在は全国各地の相続にお困りの方の相談を承っていますが、開業当初は千葉県で事業を始めたことから、千葉県の農家の方からのご相談が多かったんです。

沖田 そうなんですね。私たちは、埼玉県を地盤に業務を行っています。千葉もですが埼玉も農家さん、なかでも**「市街地農家さん」**が多くて、その相続対策のお手伝いすることも多いですね。都会のすぐ近くに農地をお持ちの地主さんや農家さんが多くいらっしゃいます。

曽根 そうですね。そんな**地主さんたちに多くある共通点は、土地はたくさんあるけど納税資金に困ってしまい、土地を売らなければならない**ということでしょうか。

　世間的には、農家の方や地主さんは土地持ちだから一見安心かと思われがちですが、実情は大変なんですよね。だからこそ、生前対策ができる方には相続の時に備えて、しっかり節税を考慮して土地や資産を残してもらいたいものです。

沖田 おっしゃる通りです。農家さんや地主さんの相続の際、１代目で土地を少し売って、２代目でまた少し売って、そして３代目で全て売ってしまって……というケースも散見します。「土地って本当に３代相続するとなくなるんだな」と本当に思いますよ。この言葉は、迷信ではないですね。

（曽根）だからこそ、生前に、または相続発生時にいかに土地の相続税評価額を
下げられるかといった点も重要になるんですよね。

（沖田）そうです。お持ちの土地に価値があることは喜ばしいことですが、それ
が相続時にはネックになることもあります。私は、税理士兼不動産鑑定
士ですし、**「土地をいかに評価し、活用するか」**ということにかけては
数十年取り組んでいますから、この本でその妙味やノウハウをお伝えし
ますよ。

「農家マインド」からの脱却のススメ

（曽根）以下の図表は、当社にご相談があった方の事例なのですが、元農家で宅
地が20か所以上もある方でした。30年前にお父さまが亡くなられて、財
産はお母さまとお子さまが相続されました。二次相続では、お母さまが
30年間貯めてきた貯金と生命保険の合計２億4450万円を全部相続税の支
払いに充てないといけなかったのです。詳しくは４章の〈ケース３〉で

■【相続後】納税のための金融資産を貯めてきた事例

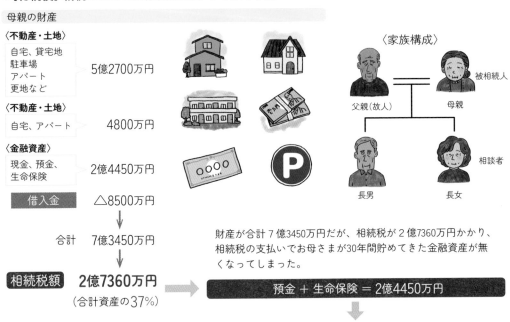

母親の財産

〈不動産・土地〉
自宅、貸宅地
駐車場　　　　5億2700万円
アパート
更地など

〈不動産・土地〉
自宅、アパート　4800万円

〈金融資産〉
現金、預金、　　2億4450万円
生命保険

借入金　　　△8500万円
↓
合計　　　7億3450万円
↓
相続税額　**2億7360万円**
（合計資産の37%）

〈家族構成〉

父親（故人）　　　母親　被相続人

長男　　　　長女　相談者

財産が合計７億3450万円だが、相続税が２億7360万円かかり、
相続税の支払いでお母さまが30年間貯めてきた金融資産が無
くなってしまった。

預金 ＋ 生命保険 ＝ 2億4450万円
↓
30年間貯めてきた金融資産が無くなる

ご紹介していますので、お読みいただければと思います。

沖田　土地ばかりにこだわって資産を残そうとすると、こういうことになるんですね。

曽根　このとき、「**物納**」をお勧めしたのですが、ご本人もですが、担当する税理士さんにも物納への理解がなかったんですね。

沖田　普通の税理士さんでは致し方ないですね。事業や個人の確定申告だけを担っている税理士さんでは判断できない領域だと思います。

曽根　そうなんです。このとき、「納税額分を貸し宅地で充当しましょう」とご提案したのですが、担当する税理士さんに全く理解がなかったのと、地主さんも貸し宅地を守ることが優先で、結局、金融資産2億4450万円を支払って対応するので良い、となったんです。このケースでは、**もっと効率のいい相続税対策ができたはず**です。

沖田　そうですよ。貸し宅地にあるのは自分の建物ではない上に、実質は利用できない土地ですから。土地を持っていたいという感覚なんでしょうね。実にもったいない。

曽根　本当にそう思います。貸し宅地は、地主さんが自由に使えない土地だからこそ、納税用として有効活用していただきたいですね。言葉を変えると整理しましょうと、ご提案したのですが、結局現金で相続税を支払ったんです。他に方法はあるのにと残念に思います。

沖田　この農家さんならではの対応を、私は「**農家マインド**」と呼んでいます。

　　農家マインドのままだと先祖代々の土地を守りたくても、結局は無くなるんです。下手するとよく言われる「**3代で資産なし**」となります。

　　代々の土地を守りたいお気持ちも理解できるのですが、経済合理性を無視して判断している……。これでは、ご自身の代では土地・資産を守れたかもしれないけれど、後の代にツケが回るだろうと思います。

「面積か価値か」、「借金か相続税か」の判断が大切

曽根 農家の方は本当に土地を持ち続ける方が多いですよね。今、ちょうどお手伝いしている方が、10年前に相続されて、当時は現金で払って今に至るのですが、現在は土地がたくさんある中、多くが空き地で雑木林のようになっていたりしていたため、結局10年維持してきたけれども、この際、処分しましょうという話になっています。

沖田 そういう話はたくさん聞きますね。これも、じつにもったいない話ですよ。アパートなどを建てて有効活用しておけば良かったものの。

曽根 そうなんです。**「せっかくの土地を何も活用せずに、ただ持ち続けるのは困難な時代です。何か収益を生む手立てを打ちましょう」**と、この感覚をわかってもらえたらと思います。

沖田 毎年、固定資産税を支払って、さらに相続の時に莫大な相続税を支払うわけですからね。

曽根 現金を十分にお持ちで、なおかつ収入源があればいいですが、そうでなければ相続の度に資産が減ってしまって、最終的には相続税が支払えなくなって土地を手放すことになることもあり得ます。

沖田 場合によっては、思い入れのある現在の土地を維持するのではなくて、例えば賃貸業を続けられる土地に資産を組み替えるなど、ここでも**「経済合理性」**が問われます。地主さんや農家さんからすれば、心情的には難しいかもしれないですが、**"土地"よりも、"家族"を守る**なら、この発想を持つことが大切です。

曽根 そうですね。いまの土地を無理に持ち続けるのではなくて、より良い場所に変えるという発想が必要ですね。

地主の方は先祖代々の土地には思い入れがあるのはわかりますが、現実問題、税金は減らないし、支払えないことも往々にしてあり得ます。

沖田　だからこそ、「農家マインド」を変えていただきたい。

曽根　そのマインドを変えていかないと、この先ずっと税金の支払いに苦労していくことになるので、本書をきっかけにぜひ、農家マインドを脱して節税や資産活用のヒントを得てもらいたいですね。

沖田　さらにここで声を大にしてお伝えしたいのが、「**土地は面積ではなくて価値こそ大切**」ということです。たとえ、面積が小さくなっても収入が増えればいいのに、農家さんはこの発想を持てない。

曽根　お持ちの土地を売って、例えば駅近や人気エリアにある土地の購入に充てるということですね。しかし、思い入れのある土地を手放すことには勇気もいりますし、この転換に関しては、いくらご説明してもなかなかご理解していただけません。

沖田　3代、4代と相続を重ねて、いまの若い世代の方ならピンときてご理解いただけることもありますよ。また、もうひとつお伝えしたいのが、農家の方は借金を嫌いますね。けれども、**借金は現在のリスクで、相続は後のリスク**でしかないんです。苦労を先にするか、後にするかだけなことにも気づいていただきたいです。

「相続・税務・土地・不動産」の知見を持つ、専門家の選び方

沖田　相続や物納という面では、私たちは「お客様の資産を残す」という考えで業務を行っています。ですので、「**売れない土地から売って、売れる土地は残しておきたい**」と考えるのですが、いわゆる普通の不動産屋さんなどは、逆に売れる土地から売ってしまいます。

曽根　地主さん、農家さん目線に立っているということですね。

沖田　そうです。不動産業者は市場で売らないとならないので、できるだけいい土地から売っていくんですが、地主さん目線に立った際には、売れない土地をまず売って、いい土地は売らずにおいておきたいのですよ。

一方でお客様が「売りたい土地を高く売りたい」というケースは、その目線で不動産を鑑定します。これがこの仕事の妙味であり、奥の深いところなんです。

曽根 どこに相談するかで結果が全然違ってきますからね。安易に身近な人やお付き合いある不動産会社や税理士などに頼んだりするのではなくて、相続や不動産に精通する専門家だからこそ知っている情報やのノウハウがあります。

沖田 そうです。税理士は税金のことはわかるけど不動産のことはわからないんですよ。「この物件を建てて大丈夫か」と聞かれたところでわからないわけです。そもそも税理士にそういうことを聞く方が間違っているんですが……。

曽根 そうですね。相談相手が違うということですよね。**相談の入口を間違えると大きな損もする**かもしれません。本来得られていた特例などを見逃したりしますし。

沖田 その点、うちは税理士と不動産鑑定士の両方がいますから。税理士さん相手にセミナーも行っているくらいです。

曽根 税と不動産の両方がわかるっていうのは強みですよね。不動産鑑定のこともわかる税理士さんは本当に少ないですから。

沖田 この本は、地主さん、農家さんのための本ですが、きっと税理士さんの参考にもなりますよ。

曽根 相続の場面、できたら生前対策のためにも新たな税理士さんや顧問税理士など、その道のプロと出会ってもらいたいものですね。

沖田 そうですね。相続の税務でいうと、税理士に相談に行くときに、「相続案件を、年に何件受け持っていますか？」と聞いてみるのも方法です。

　一般的な税理士さんなら、普通は5年に1回とかですから。特に物納というと税務の知識と不動産の知識と両方必要なので、経験したことがないという方も多いはずです。単に税務のことに詳しいだけでは対応できないんですね。そういう意味でも本書を読んで、専門家選びに活かしていただきたいと思います。

はじめに

　本書をお手にとってくださり、ありがとうございます。巻頭の対談はいかがだったでしょうか。

　この本は、数ある相続関連書籍の中でも、地主さん・農家さん（とくに市街地の農家さん）に向けた、相続問題・解決策に特化した相続の入門書です。

　相続全般における基礎知識だけでなく、地主さん・農家さん特有の悩みや考え方に対するアドバイスを一冊にまとめました。

- ●土地はたくさんあるのに、納税資金が足りない
- ●先祖代々の土地を活かしきれない
- ●借金を嫌うが故に相続税が莫大になる
- ●売れない土地（負動産）に困っている
- ●アパート経営を行うも空室ばかり……

など、地主さん・農家さんならではの悩みがあります。

　とくに、地主さん・農家さんにとっては、「親子３代資産なし」という言葉があるほど、相続の度に資産が減っていくのが大きな悩みとなっていることでしょう。そのような方々を私たちも数多く見てまいりましたし、現在もサポートさせていただいています。

　相続はたしかに悩みのタネです。しかし、本書ではあえて、相続の時こそ、不要な不動産を「在庫処分」できる絶好のチャンスであるという新たな視点を、皆さんにお届けします。そして、財産を減らすだけではなく、優良資産に組み替えて、財産を維持しながら相続を乗り切るヒントにもしていただけたらと願っています。

本書の構成は、

となります。

　地主さん・農家さんならハッと思い当たる事例や、最も気になる節税手法、物納の方法などを紹介・解説してまいります。

　相続実務士（曽根恵子）、税理士・不動産鑑定士（沖田豊明）の著者両名を合わせると、数万件の相続相談を受け、実務も行ってまいりましたので、あらゆるケースや相談者のお悩みにお応えできます。そのような知見をまとめた次第です。

　ぜひ、私たちの知見をご覧いただき、読者の皆様だけでなく、ご家族・ご親族、そして末代までが困らず、繁栄につながる、相続対策に取り組んでみてください。

　2023年２月

沖田不動産鑑定士・税理士・
行政書士事務所　　　　　　　　沖田 豊明

株式会社夢相続 代表取締役・
一般社団法人相続実務協会 代表理事　　曽根 恵子

3章 相続税は土地で払う！ 納税の秘策・物納ノウハウ

4章 農家と地主の相続対策はこうしておきたい

5章 相続の手続きの基礎知識・流れ

column

1章

節税を引き出す
プロセスとポイント

実際に相続時に節税を成功させたОさんの例をもとに、
相続の手続きと、専門家選びのポイントを解説します。

1 相続コーディネートの 手続きプロセス

相続税の申告が必要な場合は、被相続人が亡くなってから
10か月以内に相続税の申告と納税をしなければなりません。

評価や遺産分割、納税で相続税を減らすには？

　相続税は評価や遺産分割の仕方や納税の仕方により、減らすこともできるため、そうした提案やアドバイスができる**専門家選び**が必要になります。効率よく進めるために下記のステップに沿って取り組みましょう。

● 手続きプロセス

ステップ **1** 【財産の確認】
相続財産はどれくらいかを把握する

相続財産はどれくらいあるか、相続人の把握、遺言書の有無を早めに確認しましょう。

ステップ **2** 【相続相談】
相続の専門家に相談する

相続相談で進め方をイメージしましょう。費用の見積もりを専門家に依頼しましょう。

ステップ **3** 【専門家の選択】
手続きを依頼する専門家を決める

専門家の選択が重要です。依頼できる業務内容を確認して契約しましょう。

ステップ **4** 【財産の調査】
不動産調査で相続税額が変わる！

不動産の現地調査、名義財産の確認、評価、税額の算出を行います。

ステップ 5 【評価と節税案】

どんな節税策がとれるのか？

効果的な節税方法を検討、選択しましょう（評価額の確認と節税案の提案と検討）。

ステップ 6 【分割案】

効果的な遺産分割の決め方は？

節税と二次相続を考えた財産の分け方をしましょう（遺産分割協議と協議書の作成）。

ステップ 7 【納税案】

相続税の納税はどうする？

相続税は期限までに納税しましょう（納税案の検討、納税資金の準備）。

ステップ 8 【申告】

相続税の申告、納税は期限を厳守！

相続税の申告書作りを税理士に依頼しましょう（相続税の申告書作成、申告、相続税の納税）。

ステップ 9 【名義替え】

財産を分けて名義も変える

名義替え、財産分割は円滑に進めましょう（不動産登記、預金の解約、等）。

ステップ 10 【生前対策】

次の相続のための対策をする

二次相続に備え、生前の節税策を検討しましょう（今後の生前対策の検討・取り組み開始）。

　各ステップの詳細は22ページから解説します。より相続がイメージしやすくなるよう、まずは事例をご紹介します。

　Ｏさんの相続事例を参考としてみてください。

相続税を節税できた
相続成功ストーリー

土地の評価減、納税猶予、時価評価で節税できたOさん

家族構成と相続財産

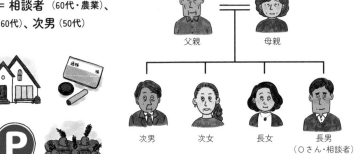

被相続人　**父親**（90代）

相続人　　**母親**（80代）、**長男＝相談者**（60代・農業）、
　　　　　長女（60代）、**次女**（60代）、**次男**（50代）

財産内容　・自宅
　　　　　・農地
　　　　　・生産緑地
　　　　　・駐車場
　　　　　・貸宅地
　　　　　・預貯金
　　　　　・負債なし
　　　　　・遺言書なし

被相続人

父親　　母親

次男　　次女　　長女　　長男
　　　　　　　　　　　（Oさん・相談者）

Oさんの相続の状況

　Oさんの父親は、野菜を作って農協に出荷する専業農家でしたが、開発された土地が市街化の宅地となったことから、賃貸住宅を建築する相続対策はしていました。しかし、全体の財産からするとその対策できた割合は少なく、多額の相続税が課税されると予想されました。

　確定申告を担当する税理士からは適切なアドバイスがなく、相続になってから当社にご相談いただいたのです。

　土地が多く、資産の大半を占めており、現金が少なく、納税資金の捻出が必要でした。

当初の相続税額と節税額

相続財産	8億7986万円
債務、葬式費用	△3686万円
遺産総額	8億4300万円
基礎控除（相続人5人）	6000万円
課税価格	7億8300万円
当初の相続税額	2億4320万円 ……①

↓

地籍規模の大きな宅地の評価減（駐車場・農地）	△1億7200万円
小規模宅地減額（200㎡・50％適用）	△730万円
生産緑地の減額	△1100万円
時価評価による減額	△700万円
セットバックによる減額	△32万円
不整形補正による減額	△290万円
評価減合計	△2億50万円
課税価格	5億8250万円
相続税総額	1億6343万円 ……②

↓

農地納税猶予額	△5258万円
配偶者税額軽減	△8171万円
納付した相続税	2913万円 ……③

節税額　①－③＝　2億1407万円

課題と解決策

経済面

- ・相続税が多額
- ・納税資金がない
- ・農家として土地は残したい

↓

駐車場や面積の大きい農地については土地の減額評価をして下げる

農地の納税猶予の申請を行う

納税の資金調達のために一部の土地を売却する

感情面

- ・遺言書がない
- ・農家は長男が継ぐ

↓

農地は長男が相続し、他は現金とする遺産分割で円満に

きょうだいに渡す現金の捻出のため、一部の土地を売却する

まとめ

　長男が農家を継ぐことは既定路線として全員の合意が得られていましたが、それでも**全員に情報共有**し、丁寧な説明をすることで**円満な遺産分割協議**ができました。

　売却は、地元の不動産開発会社が建売用地として購入したいという希望があり、申告期限までに売却を終えることができ、納税も、分割も**円満に済ませる**ことができました。

　〇さんは納税や分割をどうするか困って相談に来られましたが、できる対策があり、成果が出せて良かったと安堵しています。

【〇さんのケース詳細】

〈財産構成〉

項　目		評価額（万円）	構成比（%）
資産	土地　小規模宅地としての評価減を適用する前の評価額	85154	96.78
	土地　差　引	85154	96.78
	建　物	2551	2.90
	現金・預貯金	264	0.30
	その他	17	0.02
	（Ⅰ）資産合計	87986	100
負債	債務	▲3560	
	葬儀費用	▲126	
	（Ⅱ）負債合計	▲3686	
（Ⅰ）－（Ⅱ）純資産価額		84300	100

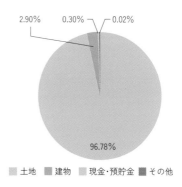

2.90%　0.30%　0.02%

96.78%

■ 土地　■ 建物　■ 現金・預貯金　■ その他

〈家族構成〉子ども4人

被相続人

父親　　母親

次男　　次女　　長女　　長男
　　　　　　　　　　　（〇さん・相談者）

基礎控除額	6000万円
課税遺産総額	7億8300万円

↓

〈相続税予想額〉　**2億4320万円**

※相続時、特例を利用し、相続税を減額することは可能です。
①**小規模宅地等の特例**（自宅や賃貸住宅用地について、一定面積まで評価減）
②**地積規模の大きな宅地評価など**

対策前の評価額
8億4300万円

対策①
👉地籍規模の大きな宅地の評価減
1億7200万円の評価減

対策②
👉小規模宅地の特例（貸付用宅地）
730万円の評価減

対策③
👉時価評価による評価減
700万円の評価減

対策④
👉不整形補正の評価減
290万円の評価減

対策⑤
👉生産緑地の評価減
1100万円の評価減

対策⑥
👉セットバックの評価減
30万円の評価減

農地の納税猶予＝**5258万円**の節税

配偶者税額軽減＝**8171万円**の節税

相続税＝2億4320万円
⇓
納税＝2913万円

対策後の評価額
5億8250万円
2億6050万円
の評価減

節税額＝2億1407万円

【財産の確認】

相続財産はどれくらいかを把握する

相続財産はどれくらいあるか、相続人の把握、遺言書の有無を早めに確認しましょう。

Oさんのタイムスケジュール・1か月目

1か月	2か月	3か月	4か月	5か月	6か月	7か月	8か月	9か月	10か月

◇父親が亡くなり、相続開始。通夜、葬儀は滞りなく済ませた

役所に死亡届を提出、年金の手続きをした。

金融機関には相続の連絡後、口座を凍結。

◇役所で戸籍関係の書類を入手(出生地には郵便で取り寄せ)

※父親の戸籍等は「出生から亡くなるときまで」途切れなく揃えた。

◇金融機関で残高証明書を取得。貸金庫を確認するが遺言はなし

相続人が行うこと

☐相続財産・債務の確認に必要な書類

不動産　固定資産税の評価証明書や名寄せ帳、固定資産税納付書の明細でも可

預貯金　残高証明書、預金通帳の写し

有価証券　銘柄と株数の明細

家庭用財産　家具、書画、骨董品等

みなし財産　退職金、生命保険証書等

贈与財産　相続開始前3年以内の贈与財産、相続時精算課税制度を選択した贈与財産

債務　住宅ローンなどの借入金、医療費などの未払い債務、未納の税金、葬式費用

☐相続人の確認

戸籍謄本を取得し、相続人の確認をする。他に実子はいないか、認知している場合はないか、養子縁組はしていないかも確認。

□**遺言書の有無の確認**

貸金庫、自宅の金庫などに公正証書、自筆の遺言書があるか。

公正証書は公証役場にも確認する。

注意ポイント

- **葬儀費用**……通夜、告別式の2日間の費用は相続財産から差し引きできる。

  領収証のないものもメモすることで引くことができる（お布施、戒名代、お礼、など）。香典や香典返しは対象にならない。

- **医療費**……亡くなる前のものは準確定申告で使用、相続後は未払い金として相続財産から差し引きできる。

- **家庭用財産**……ひとまとめにして「家庭用財産一式」で評価。

- **骨董品**……流通価格が評価となる。美術商が作成した「鑑定書」でよい。

- **自筆証書遺言**……家庭裁判所で検認を受ける。

  法務局に預けていた自筆遺言書は家庭裁判所の検認は不要。

  公正証書遺言は家庭裁判所の検認は不要。

円満相続のためには、
「**見える化**」「**わかる化**」が大切。
相続の際の揉め事は、

①コミュニケーションが取れない
②財産を開示しない
③不動産が分けにくい

揉めると"**絶縁**"になることもあるので、
気をつけてください！

【相続相談】
相続の専門家に相談する

相続相談で進め方をイメージしましょう。
費用の見積もりを専門家に依頼しましょう。

Oさんのタイムスケジュール・2〜5か月目

1か月　2か月　3か月　4か月　5か月　6か月　7か月　8か月　9か月　10か月

◇確定申告を依頼している税理士に相談したが、相続に慣れている様子はなく、相続に慣れている専門家を探すことに
◇相続に関連する本を数冊購入して、あらためて相続の基礎知識を習得
　書籍を読んで相談予約をした。
◇長男、長女、次女の3人で相続相談に出向き、相続実務士と面談
　不動産の納税通知など資料が多いので事前に送付してあり、財産評価と相続税の概算額を算出してもらい、評価の説明を受けた。節税や納税についてもアドバイスを受け、必要な書類を預けて見積もりを依頼した。

専門家の実務

相続実務士

・相続相談（約1時間）で現状を把握し、課題を整理する。
・相続発生日と相続人を確認し、手続きの進め方の概略を説明する。
・相続財産の概算評価をし、申告の要否を判断する。
・納税資金や分割金について、遺産分割の希望などをヒアリングする。

税理士　　不動産鑑定士

・土地の面積、路線価、周辺の状況から、土地の評価減の可能性の可否を判断する。
・相続税の申告などにかかる費用の見積もり書を作成する。

注意ポイント

- **準確定申告**……遺産分割が決まっていないため、相続人全員で法定割合で申告する（亡くなってから4か月以内）。

- **相続相談**……事前に財産の内容を通知しておくようにすれば、財産額、申告の要否などが進出でき、相談の効率はあがる。
信頼できるか、ノウハウがあるかなどを直接面談して確認する。

- **費用の見積もり**……最初に費用を提示してもらい、確認する。

相続実務士が行う相続相談の流れ・時間配分

ステップ1	お客様データ事前登録	
ステップ2	ご家族と財産、相談内容のヒアリング	10分
ステップ3	財産評価、相続税クイック診断	15分
ステップ4	相続対策の提案パターン提示	5分
ステップ5	課題整理・解決のアドバイス	10分
ステップ6	オーダーメード相続プランの説明	10分
ステップ7	相続プランの委託	10分

相続プランの委託

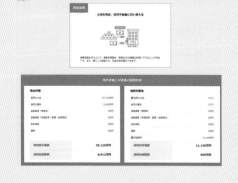

【専門家の選択】
手続きを依頼する専門家を決める

専門家の選択が重要です。依頼できる業務内容を確認して契約しましょう。

Oさんのタイムスケジュール・2〜5か月目

1か月 ▶ 2か月 ▶ 3か月 ▶ 4か月 ▶ 5か月 ▶ 6か月 ▶ 7か月 ▶ 8か月 ▶ 9か月 ▶ 10か月

◇財産評価の概算や節税案の提示があり、内容を確認した。評価や節税案は具体的で信頼でき、任せられると判断した

　相続実務士、税理士、不動産鑑定士、司法書士のそれぞれの見積もり額も想定した範囲。

◇きょうだいにも相談の上、相続実務士を窓口に依頼することを決めた

◇準確定申告

　父親の収入につき、4か月以内に申告、納税をする。準確定申告はいままで確定申告を依頼している税理士が内容を把握しているので依頼した。

専門家の実務

相続実務士

・預かった資料に基づいた「相続コーディネートの見積もり」を作成する。

・税理士、不動産鑑定士の見積もりも相続実務士が確認して、提示する。

・相続コーディネートの委任状に署名をもらい業務をスタートさせる。

・相続実務士が専門家もまとめる。

・相続税が安くできないか専門家で検討、提案する。

・節税案と合わせて、二次相続も考えた提案をする。

税理士

・相続税の申告の費用に関しては、税理士が作成する。

・準確定申告の依頼があれば担当する。

不動産鑑定士

・不動産鑑定評価の費用については、不動産鑑定士が作成する。

注意ポイント

● 各専門家が担当する業務の内容と費用の見積もりを作成してもらう。

● 長年、確定申告を依頼している税理士がいても、相続は専門家に任せた方が効果を出しやすい。

● 依頼する税理士がいたとしても、相続の専門家にセカンドオピニオンとしてアドバイスを受けることはできる。

● 準確定申告は今まで確定申告を担当してもらっている税理士に依頼するのがスムーズにできることもある。

税務、法務などありますが、"相続" に精通しているか、どれだけ経験があるかです。難しい内容も**わかりやすく説明してくれる** "**専門家**" なら安心です。

【財産の調査】

不動産調査で相続税額が変わる！

不動産の現地調査、名義財産の確認、評価、税額の算出を行います。

○さんのタイムスケジュール・6か月目

1か月　2か月　3か月　4か月　5か月　**6か月**　7か月　8か月　9か月　10か月

◇相続チーム（相続実務士、税理士、不動産鑑定士）の第1回打ち合わせ

　相続人：○さん、妹2人（母親と弟は都合で欠席）

　相続チーム：相続実務士3名、税理士2名、不動産鑑定士1名。

　業務委託契約の締結。

　不動産の現地調査の資料と今後のスケジュールの説明を受けた。

◇財産の確認に必要な書類の収集

　父親の預金より母親名義や子供名義の預金があることが気になっており、精査することになった。

専門家の実務

相続実務士

・現地調査前に、当日の資料とスケジュールを作成する。

・相続コーディネートの業務委託契約をし、業務をスタートさせる。

税理士　　不動産鑑定士

・税理士、不動産鑑定士と業務委託契約を締結し、業務をスタートさせる。

全員

・不動産の現地調査では、全部の不動産について、利用状況、道路との関係、地形、現地と公図の差異、特殊事情の有無を確認し、評価の仕方などを打ち合わせする。

・測量をしたほうがいい土地も見極めて、現況測量図や利用区分図などの作成を検討する。

・役所、関係各所の調査を行う。

注意ポイント

土地評価で相続税額が大きく変わるため、現地調査が重要になる。

家族名義の預金は税務調査を視野に入れ、相続財産として加算する。

通帳で預金口座の入出金を確認するため3〜5年分の通帳が必要になる。

不動産の謄本にて、所有者だけでなく、共有者の共有割合を確認する。

税理士だけでなく、
不動産鑑定士の出番ですね。

鑑定評価は、
①相続財産の時価評価
②不動産の売買・交換（等価交換）
③同族間売買（親族間、会社役員間、法人間、関連会社間など）
④底地、借地
⑤共有物の分割、遺産分割、遺留分減殺請求、財産分与など
⑥家賃、地代訴訟（増減額請求）
⑦担保評価、不動産購入（銀行融資のため）
などに、役立ちますよ！

【評価と節税案】

どんな節税策がとれるのか？

効果的な節税方法を検討、選択しましょう
（評価額の確認と節税案の提案と検討）。

○さんのタイムスケジュール・7か月目

1か月　2か月　3か月　4か月　5か月　6か月　7か月　8か月　9か月　10か月

◇現地調査後の評価が算出できたので、相続チームとミーティングの連絡があった。
　事前に当日の書類を送ってもらい、確認をした。

◇相続チームとミーティングの実施

①財産一覧と評価の仕方の説明

②分割案の提案

③名義預金

④納税猶予について、などがミーティングの内容。

　分割の仕方により、納税額が変わることが確認できた。

　母親が高齢で、二次相続の節税対策は必須と思われるため、農地は長男が相続、

　対策ができる市街化の土地を母親が相続する方法を決断した。

　納税猶予の提案もあり、将来の活用を考えて、検討することにした。

専門家の実務

相続実務士

・税理士、不動産鑑定士より不動産などの評価をまとめて報告をしてもらう。

税理士

・分割の案を作り、税理士に納税額の違いをシミュレーションする。

不動産鑑定士

・不動産鑑定評価書の作成と内容の説明をする。

注意ポイント

● 納税額を減らして節税するか、納税は増えても分けるのか、事情により選択する。

● 遺産分割案の比較シミュレーションは税理士が担当。

評価・申告のポイント

〇家の所有地は、500㎡以上の広い土地が多く、減額評価の対象地が4か所あったほか、土地の形状などで減額できました。小規模宅地等の特例は路線価が低い自宅ではなく、アパートの土地のほうが減額が大きいと判断しました。長男は農業を継続することから農地については納税猶予を受けることをご提案しました。

節税できた項目

地籍規模の大きな宅地の評価減（駐車場・農地）	△1億7200万円
小規模宅地減額（200㎡　50%）　→　アパートに適用	△730万円
生産緑地の減額	△1100万円
時価評価による減額	△700万円
セットバックによる減額	△30万円
不整形補正による減額	△290万円
農地納税猶予額	△5258万円
配偶者税額軽減	△8171万円

↓

節税額　2億1407万円

【分割案】

効果的な遺産分割の決め方は？

節税と二次相続を考えた財産の分け方をしましょう
（遺産分割協議と協議書の作成）。

Oさんのタイムスケジュール・9か月目

1か月 ▶ 2か月 ▶ 3か月 ▶ 4か月 ▶ 5か月 ▶ 6か月 ▶ 7か月 ▶ 8か月 ▶ 9か月 ▶ 10か月

◇遺言書はなかったので、相続人全員で遺産分割協議の話し合いが必要

　相続実務士の分割案のアドバイスをもとに、節税でき、二次相続でも不安がない分割案を選択した。農業を継続するため、農地はOさんが相続、妹には現金、弟には自宅を立てている土地と納税資金、母親には自宅と対策用の市街化の土地とする案で、全員の合意が得られた。

◇農業委員会に納税猶予の手続き申請開始

　現地調査後の評価が算出できたので、相続チームとミーティングの連絡があった。

　事前に当日の書類を送ってもらい、確認を行った。

専門家の実務

相続実務士

・農業を継続するOさんが農地を相続することを前提とした分割案の資料を作成する。

・税理士に納税猶予額を算出してもらい、分割案に反映させる。

・Oさんが相続する土地を売却し、他の相続人には現金を渡す案を提案する。

・売却の委託をもらい、売却活動を開始する。

税理士

・分割の案による、納税額を算出する。

・農地毎の納税猶予額を算出する。

司法書士

・遺産分割協議書の内容を確認する。

・登記費用の見積もりを出す。

注意ポイント

遺産分割を早く決めることで未分割などの余分な税金をかけないようにする。

共有名義は避けて土地を分ける。

土地を分筆すると評価が下がることもある。

配偶者の税額軽減の特例を最大に利用する。

遺産分割の提案ポイント

配偶者は二次相続対策ができる土地から優先的に相続することとしました。また配偶者の税額軽減の特例を最大限に受けられるよう、財産の半分は母親、残り半分は跡継ぎであるＯさんが大部分を相続、妹弟らには代償金を支払うことにしました。

納税用地は、納税の負担が大きいＯさんの名義とし、納税のない配偶者の名義は入れないようにしました。

二次相続も想定するのが、"相続対策"の理想です。親子やきょうだいとで、「残す・貯める」ではない、「**資産活用**」を視野に入れてみてください。

【納税案】

相続税の納税はどうする？

相続税は期限までに納税しましょう
（納税案の検討、納税資金の準備）。

○さんのタイムスケジュール・8～10か月目

1か月　2か月　3か月　4か月　5か月　6か月　7か月　8か月　9か月　10か月

◇納税案、分割金の捻出案につき、提案のとおりとして、納税猶予受ける土地を決める

　納税額に合わせて、利用度の低い土地を売却することを決断。

　売却の委託をした。

◇農業委員会に納税猶予の手続き申請開始。現地調査

◇納税猶予のための税務署の現地調査

◇予定通りに売却が進み、売買契約をした

◇土地の残金決済と残金を受け取った

専門家の実務

相続実務士

・納税猶予を受ける農地、受けない農地の判別作成。

・土地売却について、優先順位をつける。

・土地売却の価格査定書を提示し、売却予定額と手取額を算出する。

・売却地だけの遺産分割協議書を作る場合は判断をする。

・申告期限にあわせて土地の契約、決済の段取りをする。

・売却の委託をいただき、売却活動を担当する。

税理士

・分割の案による、納税額を算出する。

・農地毎の納税猶予額を算出する。

・土地売却の譲渡税を計算する。

注意ポイント

資金計画が必要になる。

土地は利用度により、優先順位をつけて考える。

土地を売却せずに延納することもできるが、返済原資と担保が必要になる。

農地の納税猶予を受けるには、終身営農が条件。農地は耕作しているか、農協委員会、税務署が確認する。

売却地は代表者が相続し、契約の実務も担当した方が煩わしさはない。

土地の代金を相続財産の分割金とするには、遺産分割で代償金とする。

納税のポイント

　納税は、高圧線下の土地と、駅から一番離れた駐車場と条件の悪い2か所と目安をつけて提案していましたので、○さんご家族も早く決断をされ、現地調査後すぐに同時並行で売却活動を開始しました。

　早く売却の目途がつけられたことで、申告期限までに売却代金で納税ができました。

【申告】

相続税の申告、納税は
期限を厳守！

相続税の申告書作りを税理士に依頼しましょう
（相続税の申告書作成、申告、相続税の納税）。

○さんのタイムスケジュール・9〜10か月目

1か月 ▶ 2か月 ▶ 3か月 ▶ 4か月 ▶ 5か月 ▶ 6か月 ▶ 7か月 ▶ 8か月 ▶ 9か月 ▶ 10か月

◇遺産分割協議書の内容を確認し、合意のうえ、全員が実印を押印して完成

　相続人分を作成し、各自、保有しておくようにした。

◇相続税の申告書の内容について、税理士の説明を受けた

◇税理士に申告書の提出を税理士に委託した

◇税理士が用意する相続税の納付書を受け取り、期日までに金融機関で納付した

　（配偶者の納税は一定額は不要）

専門家の実務

相続実務士

・遺産分割協議書どおりの内容になっているか、財産の記載漏れがないか、などの観点
　で、相続税の申告書を確認する。

・相続税申告書の調印日の段取りをする。

税理士

・相続税の申告書を作成する。

・調印が終われば、申告書の提出も税理士の業務。

・相続人が税務署に出向くという必要はない。

注意ポイント

- 相続税の申告書は税理士の業務ですが、相談実務士の立場でも確認する（依頼する）。

- 遺産分割協議書どおりの内容になっているか、財産の漏れがないか等、確認する。

- 相続人全員に税理士が申告書の内容や相続税額についての説明をする。

- 相続税の申告書には相続人の調印は不要だが、各自の住所、指名、生年月日、電話番号、マイナンバーなど、個人情報の記載は必要になる。

- 相続税の申告書は依頼した税理士が提出するため、相続人が税務署に出向くという必要はない。

- 申告期限までに遺産分割協議が終わっていない場合は、未分割のまま、法定割合で相続税の申告をし、納税をする。

- 未分割の場合は、特例が使えない。分割がまとまったときに修正申告をすれば、還付される。

「名義預金」は税務調査のリスク。くれぐれもご注意を！

　申告漏れとなった名義預金は相続財産として加算され、追徴課税されます。無申告加算税だけでなく、悪質な場合は重加算税が加算され、ほとんど手元に残せません。この機会に預金の残高や預け方を確認し、見直してみてください。子どもや孫名義にしてある名義預金は名義人に渡し、贈与を成立させておくと安心です。

【名義替え】
財産を分けて名義も変える

名義替え、財産分割は円滑に進めましょう
（不動産登記、預金の解約、等）。

Oさんのタイムスケジュール・9〜10か月目

| 1か月 | 2か月 | 3か月 | 4か月 | 5か月 | 6か月 | 7か月 | 8か月 | 9か月 | 10か月 |

◇**不動産の名義替えを、司法書士に依頼した**

　　登記委任状に署名・捺印し、司法書士が法務局に不動産の名義変更を申請した（父親から母親、Oさんへ）。

◇**金融機関で預貯金の名義変更をした**（父親から母親に）

　　預金口座の名義変更や解約手続きが自分でできない場合は、司法書士、行政書士などの専門家に依頼することができる。

◇**妹、弟には、遺産分割協議で決めた金銭を渡して遺産分割が完了した**

◇**登記が完了した連絡があり、新しい登記情報が送られてきた**

　　※不動産は相続人名義で登記をするため、父親名義の権利証は不要になる。手続きするときに見つからなくても問題はない。

専門家の実務

相続実務士

・登記に必要な書類一式を確認し、司法書士に渡す。

司法書士

・法務局に登記申請をする。
・法務局が数カ所の場合は、1か所ずつ申請をしていく。

注意ポイント

- 金融機関の名義変更は、相続人が行うが、司法書士、行政書士などの専門家に依頼してもよい。
- 遺産分割協議書が必要。相続人全員の実印押印なども必要。
- 銀行毎に印鑑証明書（3か月以内）が必要になる。
- 登記費用は登録免許税の納付が先に必要になる。
- 不動産の名義変更に使う戸籍関係書類や印鑑証明書は、相続後に取得したものが使える。
- 特別な事情がなければ、相続税の申告を終えてから、まとめて相続登記をしてもよい。
- 近いうちに解体するような建物は登記をせず、亡くなった人の名義のまま、解体し、滅失登記をしてもよい。

"真"の相続対策とは？

相続税を節税して**収益を上げる財産**にすること

⬇

不動産を活用する ＝ **不動産の実務**

活用されていない財産へのアプローチ

⬇

眠っている預金　　　　　使わない土地

⬇

不動産の実務が相続対策になる！

【生前対策】
次の相続のための対策をする

二次相続に備え、生前の節税策を検討しましょう
（今後の生前対策の検討・取り組み開始）。

○さんのタイムスケジュール・10か月目

1か月 ▶ 2か月 ▶ 3か月 ▶ 4か月 ▶ 5か月 ▶ 6か月 ▶ 7か月 ▶ 8か月 ▶ 9か月 ▶ 10か月

◇申告、納税、分割など、相続手続きは終わったが、母親の二次相続に向けて、生前
　対策を再度、説明してもらい、検討に入った

◇父親から相続した財産に加えて、母親独自の預金も合計して、相続対策を検討した

◇相続対策は【経済面】と【感情面】の両方に配慮しながら進めた

専門家の実務

相続実務士

・母親独自の財産を確認し、相続診断をして対策を提案する。

①財産の確認・評価・整理をする

　不動産、動産を確認して評価をし、相続税申告の要否・相続税額の算出

②課題の整理、解決をする

　分けられるか、分割でもめないか、分割金・納税資金の余裕はあるか

　共有、担保、連帯保証などはないか

③相続対策の提案を検討し、実行する

　　(1)節税対策をする　　　　　　　→　【土地活用、資産の組み替え、生前贈与】

　　(2)分割金・納税資金を用意する　→　【生命保険など】

　　(3)遺言書で争いを回避する　　　→　【遺言書】

税理士

・賃貸事業がスタートすれば所得税の確定申告を担当する。

注意ポイント

● 二次相続では、相続税が増税になることを想定し、早めに対策を
しておく。

● もめない対策として母親に遺言書を作成してもらう。

相続対策チェックリスト **感情面** もめる要素や懸念事項がないかを確認してみましょう。

不仲、かくし事、寄与、分けにくい……など

☐ 家族間ですでに争いを抱えていたり、疎遠・対立している → **不仲**

☐ 遺産分割につき、個々の主張が違う → **主張**

☐ 介護や事業に貢献してくれた相続人に多く分けたい → **寄与**

☐ 不動産が分けられない、または分けにくい → **不動産**

☐ 贈与した財産があるが全員に知らせていない → **生前贈与**

☐ **遺言書**（争族防止）　☐ **民事委託**（認知症対策）

相続対策チェックリスト **経済面** 相続税がかかるかや懸念事項がないかを確認してみましょう。

相続税、不動産、金融資産……など

☐ 財産がどれ位あるか確認できていない → **財産確認**

☐ これといった生前対策をしていない → **生前対策**

☐ 他の財産に比べて預金が少ない → **預金**

☐ 自分が契約した家族名義の預金や保険がある → **名義預金・保険**

☐ 問題を抱えた不動産がある（境界、共有名義など） → **不動産の整理**

☐ 遊休地がある → **土地の有効活用**

☐ 納税するための現金はない → **納税**

☐ 土地を売却しないと納税できない → **売却**

☐ 相続税を節税する余地がある → **節税**

☐ 自宅の他にも不動産がある → **不動産が多い**

☐ **節税対策**　☐ **納税対策**

2章

節税を引き出す 土地評価

物納のプロが、「物納の3大メリット」や、基礎知識を解説します。税理士兼不動産鑑定士事務所だから語れることを、事例と合わせてご紹介するので、参考にしてみてください。

1 財産（土地・家屋）の評価方法

財産（土地・家屋）の3つの評価方法と、
なかでも知っておきたい路線価方式について解説します。

　財産（土地・家屋）の評価額は、国税庁によれば、基本的にはその財産の取得時の時価によって決まるとされています。しかし、実際の評価方法は、**①財産評価基本通達による評価、②売買した価額、③不動産鑑定士による価額**の3通りあり、その中で財産評価基本通達によって評価されたものが認められる可能性が高くなっています。

土地の評価方式

　相続税や贈与税を計算するときに、相続や贈与などにより取得した土地や家屋を評価する必要があり、評価する財産によって評価方式がそれぞれ定められています。
　例えば、土地であれば**路線価方式**と**倍率方式**の2種類があります。土地は、原則として宅地、田、畑、山林などの**地目**ごとに評価します。

（1）路線価方式
　路線価方式は、路線価が定められている地域の評価方法です。路線価とは、路線（道路）に面する標準的な宅地の1㎡あたりの価額のことで、千円単位で表示しています。
　路線価方式における土地の価額は、路線価をその土地の形状等に応じた奥行価格補正率などの各種補正率で補正した後に、その土地の面積を乗じて計算します。

（2）倍率方式
　路線価が定められていない地域に用いられる評価方法です。対象となる宅地の固定資産税評価額に一定の倍率をかけて算出します。

● 土地の評価方法

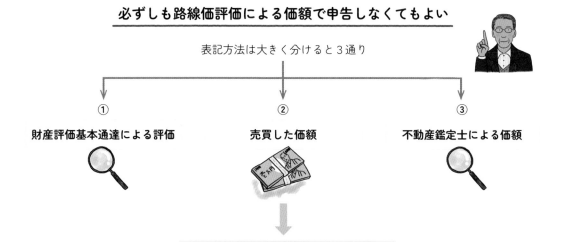

必ずしも路線価評価による価額で申告しなくてもよい

表記方法は大きく分けると3通り

① 財産評価基本通達による評価

② 売買した価額

③ 不動産鑑定士による価額

①財産評価基本通達による評価
の是認率が高い

● 路線価方式の計算例

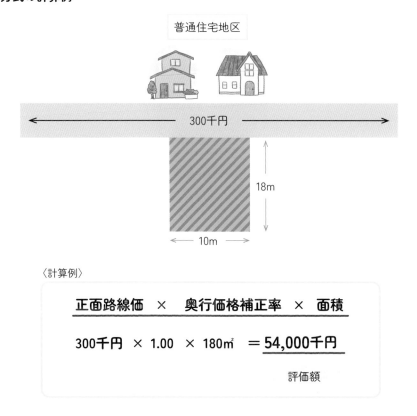

普通住宅地区

300千円

18m

10m

〈計算例〉

正面路線価 × 奥行価格補正率 × 面積

300千円 × 1.00 × 180㎡ ＝ 54,000千円

評価額

出典：国税庁ホームページ
https://www.nta.go.jp/taxes/shiraberu/taxanswer/sozoku/4602.htm

2　税務署の考える路線価の常識

土地評価の基本知識として、「路線価と倍率」について
知りましょう。

　相続財産のうち土地の評価の際には、対象となる土地の倍率表を確認して、その土地が
路線価地域か倍率地域なのかを確認する必要があります。逆にいえば、土地の評価額は路
線価と倍率で決まるということになります。**節税を引き出す土地評価のためには、評価額
からいかに評価減をして価格を下げていけるかがポイント**になります。

路線価と倍率表

　地価は、国税庁のウェブサイトで公表している路線価図と倍率表にもとづいて大体の額
を誰でも算出することができます。

路線価：道路に面した標準的な土地の1㎡あたりの評価額のことで、路線価図を見れば
　　　　路線価がわかります。その土地全体の評価額は、**路線価×個別格差率×土地の
　　　　広さ**で求めることができます。

倍率：全ての土地に路線価が設定されているわけではありませんので、路線価が設定さ
　　　　れていない土地は固定資産税評価額に倍率表の倍率をかけて土地の価格を算出し
　　　　ます。したがって、倍率地域の土地の評価額は、**固定資産税評価額×倍率**で求め
　　　　ることができます。

路線価図からは次の3種類の情報を知ることができます。

- 路線価
- 地区区分
- 借地権割合

　路線価図で示された数字がその時の1㎡あたりの地価（千円単位）を示し、その横にあ
るアルファベットが借地権割合を示します。また、数字を囲んだ図形によって、地区区分
が示されます。

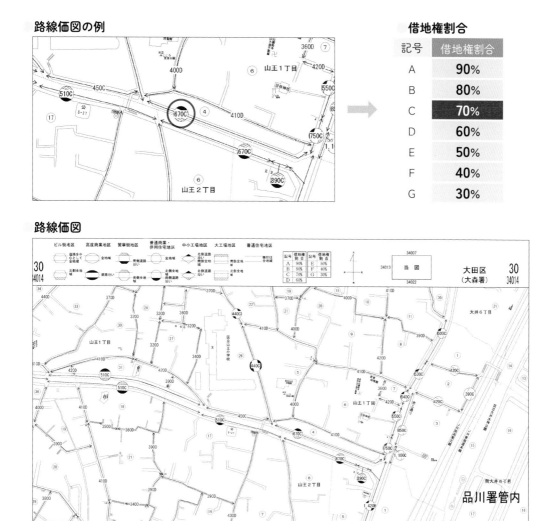

◉路線価図の例

◉借地権割合

記号	借地権割合
A	90%
B	80%
C	70%
D	60%
E	50%
F	40%
G	30%

◉路線価図

例えば、図内の「670C」では、土地の1㎡の評価額が670,000円で、地区区分が普通商業・併用住宅地区、借地権割合が70%となります。

倍率地域の場合は、土地の実勢価格が安い場合は本来の評価額に近づけるために倍率は大きくなります。つまり、逆に倍率が小さければ実勢価格と評価額が近いということになります。

評価減の可能性を探る現地調査

相続税の評価額の減額につなげるために行う
「現地調査」のポイントを解説します。

　節税を引き出すためには、不動産の相続税評価額からいかに減額ポイントを見つけて実際に相続税の評価額の減額につなげていけるかが重要です。

　そのために欠かせないのが現地調査になります。現地調査では、実際に現地で相続（予定）財産を調査することで、住宅地図や公図などの資料だけではわからない評価減の要因を見つけ出します。

　相続税評価のための不動産調査では、次のような順番で調査を行います。
①役所調査：公法上の土地利用の制限を確認し確定させる作業。
②現地調査：資料から確定させた利用状況が実際にその通りかを確認する作業、役所調査ではわからない**評価要因を探す作業**。

規定をうまく準用して評価減

　現地調査で対象地の上下左右をしっかり見て、例えば**墓地がある、線路がある、高圧線がある**などの目視できる**減価要因**を探していきます。ところが、現地調査でせっかく見つけた減価要因も財産基本通達には直接定めがないような場合も多々あります。そのため、財産基本通達に定めのある事柄を**準用**して減価要因にもとづいて減価していきます。

　例えば、高圧線がある場合には、建築制限（高さ制限）がかかるので評価減となりますが、高圧線がない場でも高圧線がある場合と同じような高さの建築制限があれば、結果的には高圧線があることと同じ減価要因となるので、うまく規定を準用して評価減につなげていきます。

　その他にも、利用価値が付近にある他の宅地の利用状況から見て、著しく利用価値が低下していると認められる場合は10％減額して評価することができます。

現地調査の流れ

ステップ 1　事前入手資料と現地に相違がないかの確認を行う

　利用状況の確認
　未登記建物や取壊建物または増改築の有無
　区画整理地内等は仮換地の工事の進捗状況　など

ステップ 2　間口、奥行、前面道路の幅員の概測を行う

　縄延び、縄縮みの有無
　・縄延び……登記簿面積より実測面積のほうが広い場合
　・縄縮み……登記簿面積より実測面積のほうが狭い場合
　分筆を繰り返している土地で地積測量図が古い場合は注意が必要で、
　間口や奥行を概測した結果が事前資料と合わない場合には現実の面積と大きく異なる
　可能性があるため、現況測量の必要性を検討する場合もあります。

ステップ 3　事前資料では分かりにくい評価対象地における傾斜、高低差、
　騒音・振動等の減価要因の有無の確認

ステップ 4　事前資料では分かりにくい周辺または評価対象から見える
　嫌悪施設の確認

ステップ 5　現地写真の撮影

　対象となる土地の家屋のみではなく、接する道路も含めて撮影する
　ステップ3およびステップ4で確認した減価要因になると思われる箇所を撮影する
　撮影した写真を申告資料として添付する

現地調査に持っていく道具

これだけは持って行きたい現地調査道具

デジタルカメラ	メジャー (高低差等用)	ロードメジャー (道路幅員・間口等用)	三角スケール

4 評価減の根拠を探す役所調査

相続税の評価額の減額につなげる「役所調査」の
ポイントをご紹介します。

役所調査では、公法上の土地利用の制限を確認し確定させる作業を行います。具体的には、次のページに示す入手可能な様々な資料を用いて、対象地の土地利用に関する制限について、以下のような点を調査します。

- 用途地域の確認
- 容積率がまたがっていないか
- 都市計画道路予定地になっていないか
- 生産緑地に該当していないか
- 接面道路が建築基準法上の道路か否か
- セットバックが必要か否か
- 開発行為が可能か否か

用途地域

都市計画法の地域地区のひとつで、用途の混在を防ぐことを目的として住居・商業・工業などの市街地の大枠としての土地利用を定めたもので、次ページの表のように12種類があります。

建築基準法上の道路

建築基準法第43条には「建築物の敷地は建築基準法に定める道路に原則として2m以上接しなければならない。」と規定されているため、現地調査から土地評価の各過程においてこれらの事項を意識し、反映していくことが重要となります。

役所調査で取得可能な資料

資料名	主な内容	使用方法	入手場所
固定資産評価証明書	固定資産税の課税の基礎となる評価額が記載された証明書	倍率地域の農地、山林や建物の評価等	市区町村の固定資産課や都税事務所等
都市計画図	都市計画の内容を示した地図	用途地域や都市計画道路予定地の確認等	市区町村の都市計画課
道路台帳現況平面図	実際に道路として使われている現場の状況を表した図面	建築基準法上の道路の判定やセットバック※の減額計算のための道路幅員確認等	市区町村の道路課や建設事務所等
建築計画概要書	建築確認申請にあたり図面を付して建物の配置状況、敷地面積等を表した書類	敷地面積や評価単位の判定	市区町村の建築指導課等

※セットバックについては66ページ参照。

用途地域

		名称	容積率の基準
住居系		①第1種低層住居専用地域	
		②第2種低層住居専用地域	
		③第1種中高層住居専用地域	
		④第2種中高層住居専用地域	前面道路幅員×$\dfrac{4}{10}$
		⑤第1種住居地域	
		⑥第2種住居地域	
		⑦準住居地域	
非住居系	商業系	⑧近隣商業地域	
		⑨商業地域	
		⑩準工業地域	前面道路幅員×$\dfrac{6}{10}$
	工業系	⑪工業地域	
		⑫工業専用地域	

5   土地評価。地目について

土地評価の基本知識として、まずは「地目」について
知りましょう。

相続税の土地評価において「土地の価額は、次に掲げる評価単位ごとに評価することとし、土地の上に存する権利についても同様とする。」と、財産評価基本通達（7－2）によって定められています。つまり、**土地を地目ごとに評価**するということです。

地目の種類

地目には、①**宅地**、②**田**、③**畑**、④**山林**、⑤**原野**、⑥**牧場**、⑦**池沼**、⑧**鉱泉地**、⑨**雑種地**、の9つの地目があります。

相続税の土地評価においては、この地目ごとによる評価区分を、土地の評価上の区分と呼んでおり、評価単位の決定の前に評価区分を行うこととなっています。なお地目の判定は課税時期の現況によって行います。

2つ以上の地目からなる土地の区分

2つ以上の地目からなる一団の土地については、そのうちの主たる地目からなるものとして扱い、その一団の土地ごとに評価します。

> **例：ゴルフ場（練習場、クラブハウス、駐車場からなる場合）**

地目は、宅地（クラブハウス）、雑種地（練習場、駐車場）の2つになりますが、これらが一体となって利用されているため、このうち主たる地目の雑種地として一団の土地を評価します。

地目一覧

①	**宅地**	建物の敷地及びその維持若しくは効用を果たすために必要な土地
②	**田**	農耕地で用水を利用して耕作する土地
③	**畑**	農耕地で用水を利用しないで耕作する土地
④	**山林**	耕作の方法によらないで竹木の生育する土地
⑤	**原野**	耕作の方法によらないで雑草、かん木類の生育する土地
⑥	**牧場**	家畜を放牧する土地
⑦	**池沼**	かんがい用水でない水の貯留池
⑧	**鉱泉地**	鉱泉（温泉を含む）の湧出口及びその維持に必要な土地
⑨	**雑種地**	以上のいずれにも該当しない土地（宅地以外の駐車場、ゴルフ場、遊園地、運動場など）

複数の地目からなる土地の区分

地目別評価の原則に従えば「別々」に評価……

2以上の地目が一体として利用されているため、

一団の土地を主たる地目（雑種地）からなるものとして評価

出典：https://tax-souzoku.jp/land-unit-principle/図を参考に作成

6　不整形地の基礎知識

土地の形状により評価額が下がります。
典型例のひとつ、「不整形地」について解説します。

　土地の形状が長方形に近い形状の整形地であれば利用しやすいのですが、形状が整形地に適合しない場合、その土地に建物を建てたりするにも様々な利用上の制限を受けることになります。このような土地を**不整形地**といいます。ただし、単に間口が狭小なだけで土地の形状が長方形に近い宅地などの場合は、不整形地でありませんので、別の補正を適用する必要があります。

　不整形地は、整形地よりも評価が下がります。不整形地には次のようなものがあります。

不整形地の類型

- 三角形の土地（三角地）
- L字型で接道部分が小さい土地（旗竿地／袋地）
- 交差点の側にある土地（角地）
- 特殊事情のある土地（長辺が短辺に対して長すぎる・傾斜が強い・間口が狭すぎるなど）
- 特別警戒区域※（災害時に被害が大きいと考えられる地域の土地など）

　　※厳密には不整形地に該当しないものの、補正率の乗算が認められています。

　不整形地を評価する際に重要な指標が補正率ですが、これは国税庁から公表されています。

不整形地の補正率の種類

　不整形地評価の要である「補正率」は、財産評価基本通達に基づいて国税庁が公表しています。

　不整形地補正率・奥行価格補正率……不整形地と認められる土地すべてに乗算

- **間口狭小補正率**……間口が極端に狭い土地に追加で乗算
- **奥行頂戴補正率**……短辺に対し長辺が長すぎる土地に追加で乗算
- **かげ地**[※]**補正率**……傾斜地に乗算
- **特別警戒区域補正率**……災害による被害が甚大と予測される地域所在の土地に乗算

※かげ地とは、整形地の不整形地以外の部分。

不整形地の補正

不整形地の補正率は以下の①か②いずれかの値の低いほうを適用し、0.6が下限となります。

①**不整形地補正率表の補正率×間口狭小補正率**
②**奥行長大補正率×間口狭小補正率**

また、不整形地の補正率を計算するには以下の指標が必要になります。

・**かげ地割合、地積区分表、不整形地補正率表**

かげ地割合とは、不整形地に対して想定整形地を設定した際に、実際に不整形地がそこから欠けている割合のことです。

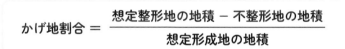

$$かげ地割合 = \frac{想定整形地の地積 - 不整形地の地積}{想定形成地の地積}$$

● **不整形地**　　想定整形地間口

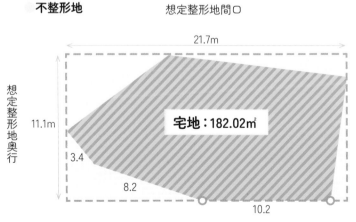

出典：岡部弘幸、比佐善宣（監修）『相続税贈与税土地評価実務の教科書』現代書林p.142を元に改変

7　不整形地の計算例

不整形地の評価について、計算の一例をご紹介します。

　前ページに続いて、かげ地割合の式を使って実際に不整形地（地積182.02㎡）を例にとっ
て、かげ地割合を計算してみましょう。

　想定整形地の地価を1㎡あたり120,000円と設定し、縦が11.1m、横が21.7m、で地積が
240.87㎡（11.1m×21.7m）となるので、評価額は土地全体で28,904,400円とします。上記の
式に当てはめると最終的にかげ地の割合が24.4％と求められます。

　宅地なので地区区分が普通商業・併用住宅になり、地積が182.02㎡となるので、地積区
分表より、「**普通商業・併用住宅のA**」となります。

不整形地補正率表

地区区分	高度商業地区、繁華街地区、普通商業・併用住宅地区、中小工場地区			普通住宅地		
地積区分／かげ地割合	A	B	C	A	B	C
10％以上	0.99	0.99	1.00	0.98	0.99	0.99
15％以上	0.98	0.99	0.99	0.96	0.98	0.99
20％以上	0.97	0.98	0.99	0.94	0.97	0.98
25％以上	0.96	0.98	0.99	0.92	0.95	0.97
30％以上	0.94	0.97	0.98	0.90	0.93	0.96
35％以上	0.92	0.95	0.98	0.88	0.91	0.94
40％以上	0.90	0.93	0.97	0.85	0.88	0.92
45％以上	0.87	0.91	0.95	0.82	0.85	0.90
50％以上	0.84	0.89	0.93	0.79	0.82	0.87
55％以上	0.80	0.87	0.90	0.75	0.78	0.83
60％以上	0.76	0.84	0.86	0.70	0.73	0.78
65％以上	0.70	0.75	0.80	0.60	0.65	0.70

出典：国税庁：https://www.nta.go.jp/law/tsutatsu/kihon/sisan/hyoka_new/02/07.htm

次に、不整形地補正率表をみてみると、地区区分が普通商業・併用住宅で地積区分がA
となり、かげ地割合が20％以上ですので補正率が0.97となります。地価が120,000円なので、
1㎡あたりの評価額は次のように計算されます。

$$\underset{\text{（地価）}}{120,000円} \times \underset{\text{（不整形地補正率）}}{0.97} = \underline{116,400円}$$

　したがって、不整形地全体の評価額は116,400×240.87＝28,037,268と算出されますので、
28,037,268円となり想定整形地と比べて約86万円の減額になります。

　実際の評価では不整形地補正以外の補正も併用される場合があるので、減価の幅はより
大きくなることがあります。

地積区分表

地区区分＼地積区分	A	B	C
高度商業地区	1,000㎡未満	1,000㎡以上1,500㎡未満	1,500㎡以上
繁華街地区	450㎡未満	450㎡以上700㎡未満	700㎡以上
普通商業・併用住宅地区	650㎡未満	650㎡以上1,000㎡未満	1,000㎡以上
普通住宅地区	500㎡未満	500㎡以上750㎡未満	750㎡以上
中小工場地区	3,500㎡未満	3,500㎡以上5,000㎡未満	5,000㎡以上

出典：国税庁：https://www.nta.go.jp/law/tsutatsu/kihon/sisan/hyoka_new/02/07.htm

ひとつとして同じ土地はないからこそ、
不動産鑑定士による評価で「減価要因」
を見つけるのがポイントなのです。

8 土地の利用状況による評価減

土地の利用価値によっても評価減につながります。
典型例を見ていきましょう。

　付近にある他の宅地の利用状況からみて、著しく利用価値が低下していると認められる部分がある宅地の価額は、その利用価値が低下していると認められる部分の面積に対応する価額の**10%減額**して評価することができます。利用価値が著しく低下している宅地とは、次のような宅地をいいます。

---

①道路より高い位置にある宅地又は低い位置にある宅地で、その付近にある宅地に
　比べて著しく高低差のあるもの
②地盤に甚だしい凹凸のあるもの
③振動の甚だしい宅地
④上記①から③以外の宅地で、騒音、日照障害、臭気等によりその取引金額に影響
　を受けると認められるもの

利用状況により評価減となる場合

評価対象地が道路より高い場合

評価対象地に騒音・振動が見受けられる場合

評価対象地が道路より低い場合

**評価対象地にコンクリートガラが
埋められている場合**

隣接地や周辺に墓地がある場合

評価対象地

隣接地や周辺に暴力団施設がある場合

その他の要確認ポイント

①評価対象地上に高圧線がある場合

評価対象地

①-1：家屋の建築不可の場合
　　⇒50％または借地割合のいずれか高い割合を減額
①-2：家屋の構造、用途等に制限を受ける場合
　　⇒30％減額

②評価対象地内に庭内神しがある場合
　⇒当該敷地は非課税

　これらの宅地の評価の際は、宅地の利用区分が自用地を前提としていますので、自用地以外の場合は、まず自用地としての評価額を算出し、そこから権利の種別を評価計算します。

● 宅地の上に存する権利の評価

Ⅰ	自用地	他人の権利の目的となっていない土地、自宅敷地など
Ⅱ	貸宅地	借地権または地上権の目的となっている宅地
Ⅲ	貸家建付地	土地の所有者がその土地上に建物を建築して、その建物を賃貸している場合の土地
Ⅳ	借地権	建物所有者を目的とする地上権または貸借件
Ⅴ	貸家建付借地権	借地人がその借地上に建物を建築して、その建物を賃貸している場合の土地
Ⅵ	転貸借地権	他人から借りている土地を、他人に転貸している場合のその土地に対する権利（借地権の又貸し）

9　利用価値のないがけ地

評価の「減価要因」として、がけ地があります。
がけ地の多い地域も全国各地にあるだけにご自身の土地に
該当するか見てみてください。

　がけ地とは、急斜面の土地のことで**減価要因**となります。一般的には斜面の角度が30度
以上の急傾斜地や法面（のりめん）が、相続税評価上のがけ地に該当します。したがって、
相続税の実務上は傾斜角度が30度未満のものについては、がけ地としての区分はせず、利
用価値が著しく低下している宅地の区分で10％評価減等を適用します。

　相続税の計算上、がけ地の評価には**がけ地等を有する宅地の評価**を適用します。これは、
がけ地等を有する宅地にあるがけ地等の部分ががけ地等でないとした場合の価額に、がけ
地補正率を乗じて計算した価額によって評価する方法です。

がけ地補正と特別警戒区域補正の両方が適用できる

　がけ地等を有する宅地が**土砂災害特別警戒区域**内にある場合は、**がけ地補正と特別警戒
区域補正の両方を適用**します。

　具体的には、がけ地補正率に特別警戒区域補正率を乗じて計算した補正率（0.5を下限とし、
小数点以下2位未満を切捨て）を、補正前の価額に乗じて算出します。特別警戒区域補正率は、
次ページの表のとおり総地積に占める特別警戒区域の地積の割合に応じた値になります。

利用状況により評価減となる場合

がけ地の地積 総地積	がけ地の方向			
	南	東	西	北
0.10以上	0.96	0.95	0.94	0.93
0.20以上	0.92	0.91	0.90	0.88
0.30以上	0.88	0.87	0.86	0.83
0.40以上	0.85	0.84	0.82	0.78
0.50以上	0.82	0.81	0.78	0.73
0.60以上	0.79	0.77	0.74	0.68
0.70以上	0.76	0.74	0.70	0.63
0.80以上	0.73	0.70	0.66	0.58
0.90以上	0.70	0.65	0.60	0.53

（注）がけ地の方位については、次により判定する。

①がけ地の方位は、斜面の向きによる。

②二方位以上のがけ地がある場合は、次の算式により計算した割合をがけ地補正率とする。

がけ地部分の全地積

$$\frac{\text{総地積に対するがけ地部分の全地積の割合に応ずるA方位のがけ地補正率} \times \text{A方位のがけ地の地積} \;+\; \text{総地積に対するがけ地部分の全地積の割合に応ずるB方位のがけ地補正率} \times \text{B方位のがけ地の地積} \;+\; \cdots\cdots}{}$$

③この表に定められた方位に該当しない「東南斜面」などについては、

がけ地の方位の東と南に応ずるがけ地補正率を平均して求めることとして差し支えない。

特別警戒区域補正率

特別警戒区域の地積 総地積	補正率
0.10以上	0.90
0.40以上	0.80
0.70以上	0.70

出典：国税庁https://www.nta.go.jp/law/tsutatsu/kihon/sisan/hyoka_new/02/04.htm#a-24_7

10 住宅の全く建たない無道路地①

無道路地もまた評価減の対象となる土地です。
まずは評価方法を解説します。

　無道路地とは、**一般に道路に接していない宅地のことで、道路に接していない土地だけでなく建築基準法上の接道義務を満たさない土地**もこれに含まれます。都市計画区域又は準都市計画区域に存する土地は、建築基準法上の接道義務を満たさない場合には、建築物を建てることは許可されません。

無道路地の評価方法

　無道路地の価額は、実際に利用している路線の路線価に基づき不整形地の評価又は地積規模の大きな宅地の評価によって計算した価額から、その価額の40％の範囲内において相当と認める金額を控除した価額によって評価します。

　この40％の範囲内において相当と認める金額とは、無道路地について建築基準法その他の法令において規定されている建築物を建築するために必要な道路に接すべき最小限の間口距離の要件（接道義務）に基づき最小限度の通路を開設する場合のその通路に相当する部分の価額とされています。

①異なる画地を使用
　評価上想定される画地には2種類あります。奥行価格補正を行う場合の画地とその他の補正を行う場合の画地です。具体的には、奥行価格補正で使用される画地は通路開設後を想定した画地ですが、不整形地補正などのその他補正で使用される画地は通路開設前を想定した画地となります。

無道路地

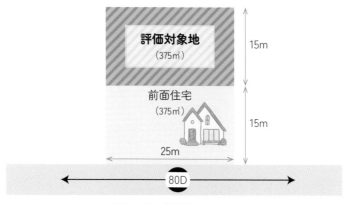

評価対象地
（375㎡）

15m

前面住宅
（375㎡）

15m

25m

80D

普通商業・併用住宅地区

奥行き価格補正用の画地

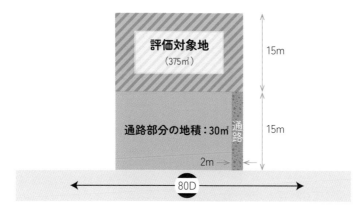

評価対象地
（375㎡）

15m

通路部分の地積：30㎡

通路

15m

2m

80D

普通商業・併用住宅地区

不整形地補正及び規模格差補正の画地

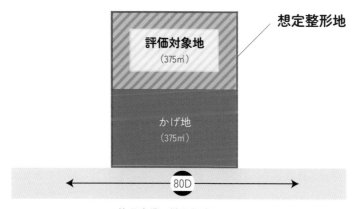

想定整形地

評価対象地
（375㎡）

かげ地
（375㎡）

80D

普通商業・併用住宅地区

出典：https://souzoku-land.com/unconnectted-land/を元に改変

11 住宅の全く建たない無道路地②

無道路地の解説の続きとして、計算方法について
解説します。

②通路の開設

無道路地評価では、道路から無道路地までの通路を開設することを想定します。この時、想定する通路の間口は実際に利用している路線から接道義務に基づく最小限度の間口距離2mをとります。

③無道路地補正

無道路地の補正は、奥行価格補正、不整形地補正及び規模格差補正（地積規模の大きな宅地の評価）をした価額からその価額の40％の範囲内において相当と認める金額を控除することによって補正します。

ただし、想定する通路部分が自己所有地の場合には、無道路地補正は行いませんので注意しましょう。

無道路地評価の計算方法

最初に無道路地とその前面宅地を合わせた土地全体の奥行価格補正後の価額を計算します。そこからさらに各補正価額を算出し、最終的に無道路地の評価額を計算して求めます。

（1）無道路地（評価対象地）とその前面宅地を合わせた土地の奥行価格補正後の価額を計算

（2）前面宅地の奥行価格補正後の価額を計算

（3）（1）の奥行価格補正後の価額から（2）の前面宅地の奥行価格補正後の価額を控除して無道路地の奥行価格補正後の価額を計算

（4）不整形地補正、または間口狭小・奥行長大補正を計算（いずれか低い方を使用）

（5）地積規模補正（該当する場合のみ）を計算

（6）通路部分の価額の控除（限度40％）

● 無道路地の例

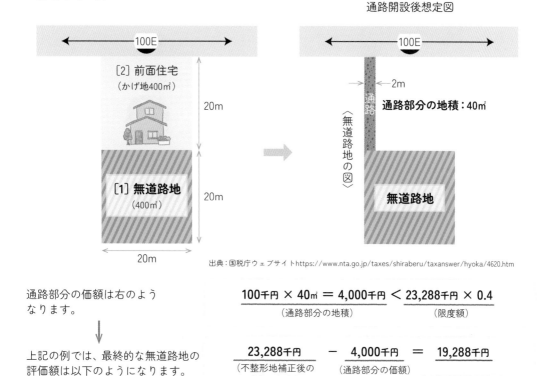

出典:国税庁ウェブサイトhttps://www.nta.go.jp/taxes/shiraberu/taxanswer/hyoka/4620.htm

通路部分の価額は右のようになります。

↓

上記の例では、最終的な無道路地の評価額は以下のようになります。

$$100千円 \times 40㎡ = 4,000千円 < 23,288千円 \times 0.4$$
（通路部分の地積）　　　　　　　　　　（限度額）

$$\underset{\text{（不整形地補正後の[1]の価額）}}{23,288千円} - \underset{\text{（通路部分の価額）}}{4,000千円} = \underset{\text{無道路地の評価額}}{19,288千円}$$

①奥行価格補正後の評価対象地の1㎡当たりの評価額

　無道路地の奥行価格補正では、建築基準法上の道路に接するような通路を開設することを想定し、この通路部分を含んだ土地を評価対象地として、奥行価格補正を行います。

②不整形地補正後の評価対象地の1㎡当たりの評価額

　無道路地の不整形地補正では、通路部分が無いものとしてかげ地割合を計算し、このかげ地割合に基づき不整形地補正率を補正率表から参照します。

　不動産の鑑定評価を検討する場合、隣接地の買取などが現実的には難しく、建物の建築ができない場合は、鑑定評価を検討した方が良いでしょう。

③市街地山林、市街地農地（畑・田）の評価額

　道路開設が不可能な場合には、純山林、純農地として評価した方が、評価額が下がる可能性があります。不動産鑑定士に相談してみましょう。

12

道路幅の狭い土地

セットバック

2項道路に面する土地には建築制限が課されます。
それゆえ「減価要因」となります。

　建築基準法第42条2項に定められた2項道路（みなし道路ともいう）に面する土地は、道路の中心線から2mの位置まで敷地を後退させる必要があります。これによって将来的に4mの道路幅を確保しようとするもので、この敷地境界線の後退を**セットバック**といいます。財産評価基本通達では、**セットバック部分の評価は30%**になります。

　なお、市町村によっては、ある特定の地域において5m又は6mの道路幅を前提としているため、役所で確認してみましょう。

セットバックの扱い

　2項道路の場合、道路の中心線から2mの位置が敷地と道路との境界線とみなされるため、セットバックした部分の土地は、たとえ個人の所有のままであっても建ぺい率や容積率を算定する際の敷地面積には含まれません。また、セットバック部分は将来的には道路となる敷地ですので、塀や門などの建築物を建てることはできません。

　セットバックによる後退距離は道路の中心線から両側に2mずつ後退するのが原則ですが、例外として、道路を挟んで向かい側が川や崖地などで道路をそちら側に広げられない場合は、向かい側の道路境界線から4mの位置まで後退してセットバックを設置する必要があります。なお、特定行政庁により道路の最低幅員が6mと定められた区域では、セットバックが道路の中心線から3mのラインに設定されます。

　また、建築物敷地の接道義務は原則として都市計画区域および準都市計画区域内に限り適用されるため、都市計画区域等になっていない地域では建築基準法による敷地のセットバックがありません。

　セットバック部分の評価は30%ですが、公衆用道路として使用されている場合には評価は0になります。そのため、**現地調査と役所調査の両方で現況を確認すること**が重要になります。

◯ **セットバック**

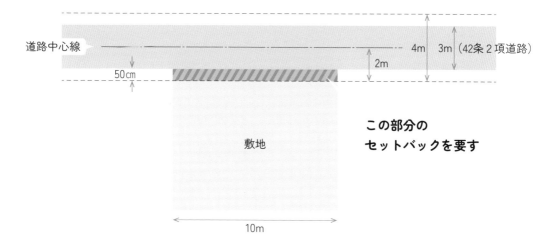

道路中心線

4m 3m（42条2項道路）
2m
50cm

敷地

この部分の
セットバックを要す

10m

セットバックを要する面積 ⟶ | 0.5m | × | 10m | = | 5㎡ |

◯ **セットバックを要する土地**

対象地は、1.31㎡のセットバックを要する

13 建築時に知事の許可が必要な 都市計画道路予定地

「減価要因」のひとつとなる都市計画道路予定地と、
その評価例を解説します。

対象地が、都市計画道路予定地になっていると**減価要因**となります。都市計画道路予定地とは、都市計画法に基づく道路整備が予定されている土地のことで、将来的には一定の条件下で立ち退く必要があります。

都市計画道路予定地では、建築を行う際に都道府県知事の許可が必要となります。また**様々な建築制限があるため、土地の利用範囲が限られます。**例えば、一般的には２階建てまでの建物しか建てられない、高さが10m以下でなければならない、地階を作ることができないなどです。また、住宅の構造にも制限があり、RC造の住宅は建てられません。

財産評価基本通達（24-7）では、都市計画道路予定地の評価について次のように定められています。

> 「都市計画道路予定地の区域内となる部分を有する宅地の価格は、その宅地のうちの都市計画道路予定地の区域内となる部分が都市計画道路予定地の区域内となる部分でないものとした場合の価額に、下表の地区区分、容積率、地積割合の別に応じて定める補正表を乗じて計算した価額によって評価する」

例えば、次のページの例は、普通住宅地区の宅地のうち一部が都市計画道路予定地になっている場合です。宅地全体の地積が500㎡で容積率が200%、都市計画道路予定地が全体の地積のうち310㎡を占めます。この場合、都市計画道路予定地が全体の地積に占める割合が、64.85%なので、表より補正率は0.90となります。

都市計画道路予定地の区域内にある宅地の評価

地区区分	ビル街地区、高度商業地区		繁華街地区、普通商業・併用住宅地区				普通住宅地区、中小工場地区、大工場地区		
容積率 地積割合	700%未満	700%以上	300%未満	300%以上 400%未満	400%以上 500%未満	500%以上	200%未満	200%以上 300%未満	300%以上
30%未満	0.88	0.85	0.97	0.94	0.91	0.88	0.99	0.97	0.94
30%以上 60%未満	0.76	0.70	0.94	0.88	0.82	0.76	0.98	0.94	0.88
60%以上	0.60	0.50	0.90	0.80	0.70	0.60	0.97	**0.90**	0.80

出典：国税庁（https://www.nta.go.jp/law/tsutatsu/kihon/sisan/hyoka_new/02/04.htm#a-24_7）

都市計画道路予定地の宅地の評価例

全体地積	500㎡
普通住宅地区	容積率200%
都市計画道路予定地 の場合	310㎡

↓

補正率の計算内容

1．地区区分：**普通住宅地区**

2．容積率：**200%**

3．地積割合

都市計画道路予定地の
部分の地積

$$\frac{310㎡}{500㎡} = 64.85\%$$

総地積

補正率：上の表より　0.90

14 地中に埋まっている評価減要因

土地に建築資材やコンクリート片などの
地下埋設物がある場合、「減価要因」となります。

相続税の評価対象となる土地の地下に埋設物がある場合は**減価要因**となります。
地下埋設物とは、次のようなものをいいます。

建築資材	コンクリート片	ブロック	廃材	矢板
ガラ	古い井戸	土管	浄化槽	産業廃棄物

　広義では土壌汚染や埋蔵文化財も地下埋設物にあたるので、これらがある場合には上記の地下埋設物以外にも、これらの**評価減の基準を準用して減額する額を増やせる可能があります**。

　地下埋設物があると地盤強度が緩くなる可能性があるため、その土地に建物を建てる際は補強工事や地下埋設物を取り出すための追加の費用が発生します。そのため、地下埋没物がある土地はそれがない土地に比べ価値が下がります。

　地下に埋設物がある土地の相続税評価額は次のように計算します。

地下埋設物がないものとした場合の相続税評価額 − 撤去費用の見積額 × 80%

　気をつけるべき点としては、単純に地下埋設物があれば必ず減額評価になるというわけではないということです。地下埋設物があることが確認されたとしても、現況でその土地の有効利用に問題がなければ地下埋設物の撤去費用の控除は認められません。

　その一方で、相続の際に地下埋設物が存在することで土地の利用が制限されている、あるいは相続後の売却時にその土地の価格に地下埋設物の存在が加味されている場合などには、地下埋設物の減額が可能となります。

評価対象地にコンクリートガラが埋められている場合

評価対象地

土壌汚染の評価

〈算式〉原価方式による土壌汚染地の評価方法

土壌汚染の評価額
=

汚染がないものとした場合の評価額	−	浄化・改善費用に相当する金額	−	使用収益制限による減価に相当する金額	−	心理的要因による減価に相当する金額

(注)
1. 「浄化・改善費用」とは、土壌汚染対策として、土壌汚染の除去、遮水工封じ込め等の措置を実施するための費用をいいます。上記の「浄化・改善費用」については、汚染がないものとした場合の評価額（土地評価額）が地価公示価格レベルの80％相当額（相続税評価額）となることとの均衡から、控除すべき浄化・改善費用についても見積もりの80％相当額とするのが相当とされます。
2. 「使用収益制限による減価」とは、上記（注）の措置のうち土壌汚染の除去以外の措置を実施した場合に、その措置の機能を維持するための利用制限に伴い生ずる減価をいいます。
3. 「心理的要因による減価（「スティグマ」ともいいます）」とは、土壌汚染の存在（あるいは過去に存在した）に起因する心理的な嫌悪感から生ずる減価要因をいいます。
4. 汚染の浄化の措置等については、評価時期において最も合理的と認められる措置によることとされています。なお、各控除額の合計額が汚染がないものとした場合の評価額を超えるときには、その価額（汚染がないものとした場合の評価額）を限度とするのが相当であると考えられます。

15

戸建て住宅の並ぶ街並みにある広すぎる土地①

地積規模の大きな土地（広大地）の場合、
評価減を受けられます。計算式の例と合わせて解説します。

　対象地域の他の標準的な宅地の規模に比べて広大な地積を持つ土地は、**地積規模の大きな宅地として評価減を受けることができます**。地積規模の大きな宅地に該当するか否かは三大都市圏とそれ以外で条件が異なってきます。

適応要件

　三大都市圏では500㎡以上の地積の宅地、三大都市圏以外の地域では1,000㎡以上の地積の宅地になります。

　該当する宅地が、地積規模の大きな宅地の評価の適用対象となるためには、次の図のフローと、適用要件チェックリスト（ともに国税庁のウェブサイトから入手可能）にあるように地積規模の他、地区区分、都市計画、容積率などの要件を全てクリアする必要があります。

評価方法

（1）路線価地域

　路線価に、各種画地補正率（奥行価格補正率、不整形地補正率など）のほか、規模格差補正率（下記②）を乗じて求めた価額に、その宅地の地積を乗じて計算した価額によって評価します。

①地積規模の大きな宅地の評価額

$$\text{評価額} = \text{路線価} \times \text{奥行価格補正率} \times \begin{array}{c}\text{不整形地補正率などの}\\\text{各種画地補正率}\end{array} \times \text{規模格差補正率} \times \begin{array}{c}\text{地積}\\(\text{㎡})\end{array}$$

②規模格差補正率

$$\text{規模格差補正率} = \frac{Ⓐ \times Ⓑ + Ⓒ}{\text{地積規模の大きな宅地の地積（Ⓐ）}} \times 0.8$$

●地積規模の大きな宅地補正の適応可否フロー

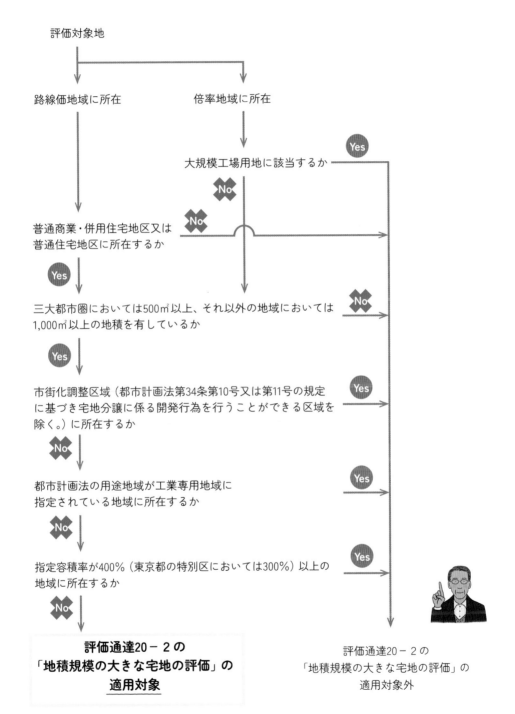

出典：国税庁「地積規模の大きな宅地の評価」パンフレット

16

戸建て住宅の並ぶ街並みにある広すぎる土地②

地積規模の大きな土地（広大地）の続きです。
倍率地域について解説します。

（2）倍率地域

　倍率地域にある場合は、以下の①の価額と②の価額のいずれか低い価額により評価します。

> ①その宅地の固定資産税評価額に倍率を乗じて計算した価額
> ②その宅地が標準的な間口距離および奥行距離を有する宅地であるとした場合の1平方メートル当たりの価額に、普通住宅地区の奥行価格補正率や不整形地補正率などの各種画地補正率のほか、規模格差補正率を乗じて求めた価額に、その宅地の地積を乗じて計算した価額

　地積規模の大きな宅地補正では、評価対象地が路線価地域にある場合に先ほどの評価の（1）路線価地域における評価額の計算式で見たように、奥行価格補正や不整形地・間口狭小宅地などの各種画地補正が併用可能です。

　そのため、地積規模の大きな宅地補正が適用されると大きな評価減になることが期待できますので、積極的に適用について検討していくことが大切です。

規模格差補正率

規模格差補正率「Ⓑ」及び「Ⓒ」は、地積規模の大きな宅地の所在する地域に応じて、それぞれ次に掲げる表のとおりです。

①三大都市圏^(注)に所在する宅地

地区区分 記号 地積	普通商業・併用住宅地区、 普通住宅地区	
	Ⓑ	Ⓒ
500㎡以上 1,000㎡未満	0.95	25
1,000㎡以上 3,000㎡未満	0.90	75
3,000㎡以上 5,000㎡未満	0.85	225
5,000㎡以上	0.80	475

①三大都市圏以外の地域に所在する宅地

地区区分 記号 地積	普通商業・併用住宅地区、 普通住宅地区	
	Ⓑ	Ⓒ
1,000㎡以上 3,000㎡未満	0.90	100
3,000㎡以上 5,000㎡未満	0.85	250
5,000㎡以上	0.80	500

(注) 三大都市圏とは以下を指します

（1）首都圏整備法第2条第3項に規定する既成市街地または同条第4項に規定する近郊整備地帯

（2）近畿圏整備法第2条第3項に規定する既成都市区域または同条第4項に規定する近郊整備区域

（3）中部圏開発整備法第2条第3項に規定する都市整備区域

出典：国税庁パンフレットより一部改変

> この規定は、農家さん、とくに市街地農家さんのためにあるような規定です。
> この規定を、"いくつ"使えるかどうかが、相続において重要になります。

17　不動産鑑定評価の使い方

不動産の時価と、財産評価通達に基づく評価額に差が
あるような場合、不動産鑑定評価を行ってみてください。

不動産鑑定した方が、評価額が下がる場合

　相続税の土地評価は、相続税法において時価で評価することになっていますが、実務上は財産評価基本通達（以下、評価通達）に基づく評価額で申告することがほとんどです。
　その理由は**時価＞評価通達**に基づく評価額となり、納税者にとって有利になるからです。

　しかし、なかには**時価＜評価通達**に基づく評価の場合もあり、この場合は、時価、具体的には、不動産鑑定士の評価に基づく評価額により、申告した方が納税者にとって有利となります。

　税理士による評価通達に基づく評価を行った後に、不動産業者又は不動産鑑定士に時価を上回る評価となる土地がないか検討してもらいましょう。

　不動産鑑定した方が、評価額が下がる場合で言えば、

> ①隣接地買収が不可能な場合
> ②土地区画中の土地で使用収益が下りていない場合
> ③宅地造成費が多額に見込まれている場合

といったケースが多くあります。
　また、道路開設が現実的に不可能な場合には、不動産鑑定士による評価額の方が、路線価評価より下がる可能性があります。
　ですので、不動産鑑定士に相談してみましょう。

「時価＜評価通達に基づく評価額」となる土地があった場合の対策

「時価＜評価通達に基づく評価額」というとややこしいですが、土地を手放していいかどうかというときのお話について触れます。

対象地を相続後、手放していい場合、評価通達に基づく評価額で物納するか、物納が認められない場合は売却できる場合は売却し、その売却価格に基づいて申告。

対象地を相続後も所有していたい場合、以下の3つの方法が考えられます。

> 1．生前に時価に基づき、評価額で相続人に贈与する
> 2．生前に時価に基づき、同族会社へ売却する
> 3．相続時に時価に基づき、評価し申告する

相続税評価額が時価を著しく上回る"ギャップ"のあるケースは、

①市街地にある土地で著しく高低差のある土地

②無道路地、接道不良地で隣地の買収が不可能な場合

③区画整理事業地内の土地で仮換地後を前提に評価する場合で、使用収益が5年以上後の場合

④地積規模の大きな宅地に該当し宅地開発ができない土地

⑤建設廃棄物が埋設している土地

⑥市街化調整区域の1000㎡以上の雑種地及び山林

⑦市街化調整区域内の農地転用許可を得ていない雑種地

などになります。該当するかどうか調べてみてください。

3章

相続税は土地で払う！

納税の秘策・物納ノウハウ

物納のプロ・沖田が、物納の３大メリットや、基礎知識を解説します。事例も合わせてご紹介するので、参考にしてみてください。

1　物納の仕組みと要件①

相続税の納付の際の「延納」と、財産そのもので支払う
「物納」について解説します。物納には2つの要件があります。

物納の3大メリット

　本章では、相続の際に現金で相続税を支払うのではなく物で納める「物納」についてご紹介していきます。そもそもどうして現金ではなくわざわざ物で納める必要があるのでしょうか？　まずは、物納の3つのメリットについてご紹介しましょう。

● 物納するメリット①：仲介手数料と譲渡所得税がかからない！

　土地を自分で売却する場合は不動産業者に仲介して売却することになりますが、この場合、仲介手数料がかかりますし、売却時には譲渡所得税が課せられます。しかし、物納を行った場合には対象不動産が相続税評価額で国が買い取ってくれるため仲介手数料もかからない上に、国が取引相手なので譲渡所得税もかかりません。

● 物納するメリット②：負の不動産を売却することができる！

　一般的には不良不動産（負動産）とされる底地などは、市場での売却が難しく売りたくてもなかなか売れない土地といわれています。ところが、物納を活用すれば負の不動産でも相続税評価額で国が買い取ってくれる上に、自分の現金を使わずに相続税を納税することができるのです。

● 物納するメリット③：納税資金を作り出すことができる！

　物納した土地が相続税評価額を上回る額で物納された場合は、差額が現金で還付されます。この場合には差額分に譲渡所得税がかかりますが、現金を手に入れることができるため、負の不動産を処分した上にさらに現金で納税資金を作り出すことができます。

　不良不動産を手放したい場合には物納をうまく活用することで処分することができ、さらに手持ちの現金を減らすことなく納税資金を作り出すことができます。以降では物納に

ついて具体的な仕組みと方法について具体的な事例を交えてご紹介していきます。

相続税の納付に関しては、金銭で一括して納めるのが原則ですが、それが難しい場合に相続税を分割して納めることができる特例として**延納**という方法があります。さらに延納も難しい場合に例外として現金ではなく財産そのもので相続税を支払う**物納**という方法があります。

物納制度は金銭による一括納付でも延納制度による納付でも支払いが困難な場合にのみ申請することができます。したがって、延納制度を利用すれば納付することができるという場合には申請することはできません。

物納すべきか否かの判断基準

不動産を売却して金銭で相続税を納付すべきか、それとも物納すべきかどうかの判断は次の式に当てはめて判断します。

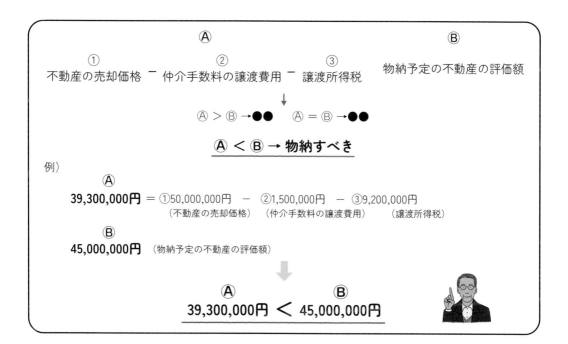

上図の例の場合、Ⓐ＜Ⓑとなるので、物納すべきとなります。

つまり、**不動産の売却価格から仲介手数料や所得税を引いた金額が物納した場合の評価額より小さい場合には、物納した方がよい**ということです。

物納した場合は所得税などが非課税となりますので、譲渡所得税などもかかりません。
そのため、不動産の売却価格の方が一見すると物納した場合の評価額よりも高くても、**売却手数料や税金を引くと物納する場合の評価額の方が高くなることがありますので、注意が必要**です。

物納要件

物納には、2つの要件があります。

（1）納付すべき相続税より、「生活する資金」が上回る場合

次のとおり、Ⓐ と Ⓑ を比べた場合に、Ⓐ＞Ⓑ が成り立てば物納することができます。

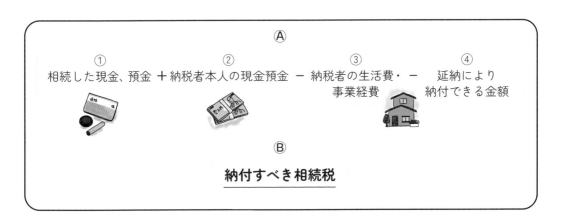

（2）計算の前提条件

- ①相続した現金、預金
- ②納税者本人の現金預金
- ③納税者の生活費・事業経費→納税者の年間生活費120万円、同一生計者は1人年間54万円
- ④延納により納付できる金額→1年以内の土地の売却収入等

計算例）

$$
\underset{\text{Ⓐ}}{2,800,000円} = \underset{\substack{①1,000,000円\\(相続した現金、預金)}}{} + \underset{\substack{②3,000,000円\\(納税者本人の現金預金)}}{} - \underset{\substack{③1,200,000円\\(納税者の生活費・\\事業経費)}}{} - \underset{\substack{④0円\\(延納により\\納付できる金額)}}{}
$$

$$
\underset{\text{Ⓑ}}{15,000,000円}\;(納付すべき相続税)
$$

したがって、Ⓐ＞Ⓑが成り立つので、物納可能となります。この場合の物納可能金額は以下の式Ⓑ－Ⓐで計算するので12,200,000円となります。

15,000,000円－2,800,000円＝12,200,000円（**物納可能金額**）

物納する３大メリット
①仲介手数料と譲渡所得税がかからない！
②負の不動産を売却することができる！
③納税資金を作り出すことができる！

2 　物納の仕組みと要件②

延納から物納に切り替える「特定物納」について解説します。
財産の種類とその順位を知りましょう。

　物納の適用を受けるには申告期限までに申請書を税務署に提出して許可を受ける必要がありますが、通常は10か月という期間内で後述の物納要件を全てそろえるのは困難を極めます。したがって、最終的に物納で相続税を納めたい場合には、いったん延納を申し込んでから途中で物納に切り替えるという**特定物納**という方法を用いるのが現実的です。

　そうすることで元々の期限の10か月に加えて、延納による1年間が加わるので、**1年10か月の猶予がえられこの間に物納要件を整える**ことができます。制度としては、物納が特例で特定物納が例外という位置付けですが、税務の実務においては特定物納が特例で例外が物納という考え方で行われています。

特定物納

　特定物納とは、延納を許可された後で、その支払いが困難になった場合に相続税の納付方法を物納へと変更する制度です。利用するためには特定物納申請書と、物納手続き関係書類を税務署に提出し許可を受ける必要があります。また、特定物納が可能なのは相続税の申告期限から10年以内です。

　特定物納で物納できるのは、申請時に分納期限の到来していない延納税額のうち、延納によって納付を継続することが困難な金額の範囲内に限られます。物納に変更するまでの期間は当初の条件による**利子税**の納付が必要になります。

物納できる財産の順位と種類

　どんな財産でも物納できるわけではなく、物納できる財産の種類と順位は換金のしやすさで決められています。物納できる財産のうち特に注意が必要なのが、**物納劣後財産**です。物納劣後財産は物納に充てることができるのですが、他に物納に充てることのできる適当な価額の財産がない場合に限られます。

物納することができる財産の種類と順位

順位	物納に充てることのできる財産の種類
第1順位	①**不動産、船舶、国債証券、地方債証券、上場株式等**※1 ※1：特別の法律により法人の発行する債券及び出資証券を含み、短期社債等を除く
	②**不動産及び上場株式のうち物納劣後財産に該当するもの**
第2順位	③**非上場株式等**※2 ※2：特別の法律により法人の発行する債券 及び出資証券を含み、短期社債等を除く
	④**非上場株式のうち物納劣後財産に該当するもの**
第3順位	⑤**動産**

出典：国税庁パンフレットを改変

物納劣後財産

・**地上権、永耕作権、地役権**

・**違反建築された建物及びその土地**

・**土地区画整理事業用地内の土地で仮換地の使用収益が開始されていない土地**

・**納税者の居住用又は事業用の建物及びその敷地**

・**接道2mを満たさない土地**

・**市街化区域以外の土地**

・**農業振興市域内の土地**

・**事故物件**（自殺、他殺物件）

物納ポイント①

　劣後財産は売却しづらいあるいは、売却価格が相続税評価額より小さくなってしまう場合が多い財産です。そのため、劣後財産を物納するためには、存命中から養子縁組をするか遺言によって、劣後財産を相続させる相続人を決めておき、各相続人に相続財産が劣後財産しかないように相続をさせる必要があります。

3 　物納の仕組みと要件③

前ページに続いて、物納の際のポイントをご紹介します。
物納に"向いている土地"があります。

物納に充てることができない財産は相続税法に**管理処分不適格財産**として定められており、物納することができません。

物納ポイント②

物納予定の土地がある場合は、出来るだけ速やかに**確定測量**（境界線の確定作業）を済ませておきましょう。確定測量は、土地家屋測量士などの有資格者の立ち合いのもと隣地所有者と立合いのもと行われます。境界線が確定していない土地は管理処分不適格財産とみなされ、物納することができません。

物納に向いている土地

次のような土地はその性質上通常は売買が難しいため、それだけに「物納」に向いている土地と言えます。

- 底地
- 間口が狭い土地で広い土地　（旗竿地など）
- 区画整理事業地内の土地で使用収益ができない土地
- 市街化調整区域の山林、雑種地、農地
- 接面道路が４m未満で広大な土地で開発できない土地
- 接面道路と相当の高低差があり、造成費用等が多額にかかると見込まれる土地

すなわち、物納向けの土地とは、特殊な性質で市場性がないかあるいは市場価格が実態と乖離しているような土地ということになります。

◯ 管理処分不適格財産

・担保権が設定されている不動産
・権利の帰属について争いがある不動産
・境界が明らかでない土地

境界不明

無道路地

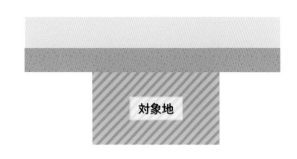

底地で借地権者が不明である土地
（ただし借地権者が不明でなければ物納可能）

共有地

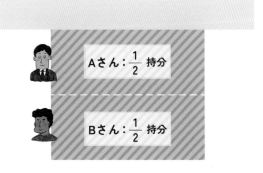

4 市街化区域内の都市近郊農家。底地は「劣後財産」にはならない

不動産をうまく仕分けして一般的には売却が難しい底地を
物納した事例をご紹介します。

底地は物納できないと思われがちなのですが、本事例の市街化区域内にある都市近郊農家さん一家の例のように、市街化区域内の底地が物納できるという事例は他にも多くあります。

事例概要

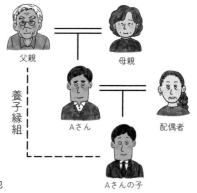

場所	埼玉県○○市
相続人	Aさんの母親、Aさん、Aさんの子
被相続人	Aさんの父親
家族構成	Aさん（相続人）、Aさんの配偶者 Aさんと配偶者の子ども1人

市街化区域内の都市近郊農家

相続財産	自宅、貸地（底地）、貸家建付地、田畑、雑種地
遺産総額	10億円　　相続税額　3億円

エピソード

被相続人のAさんの父親が亡くなり、相続が発生しました。相続する財産は全て不動産で市街化区域内にありました。相続する土地の面積が広大であったため、相続税額が3億円にものぼりました。

Aさんの父親（被相続人）より生前から相談を受けていた当事務所では、相続する不動産を整理しリスト化しました。すると、物納財産の順位が同じとなる更地と底地が含まれていました。そこで、遺産分割協議をした結果、このうち、**通常ではより売却が難しいとされる＝価値が低いとされる底地**をAさんの子ども（被相続人の孫）に単独相続させることにしました。そうして、Aさんの子どもがその底地を物納して、より価値が高く売却しやすい更地を残すことにしました。

物納できる相続財産が複数ある場合に、**どの不動産を物納対象として申請するか**は納税

 このうち、底地を物納

者に決定権がありますので、本事例では更地と底地を比べた際に一般的には売却がより難しい底地の方を物納対象として申請することにしました。

　その結果、底地を選択し物納することに成功し、1500万円を物納することができました。

物 納 ポ イ ン ト ③

本事例のポイントは以下の３つになります。

①市街化区域内の更地と底地であるため、底地は劣後財産には該当しない。

②不動産の種類をうまく仕分けリスト化しておく

　→物納財産の順位が同じ場合は、納税者側が選択することができる。

　　（例：更地と底地）。

③被相続者からみた孫には金銭は一切相続させず、売却が難しい負の不動産（この場合は底地）を単独相続させて物納させる。

5 売却が見込めない土地をどうするか？

市街化調整区域内になる田畑などの土地も物納に活かせます。

相続する財産には、場合によっては通常であれば売却の見込みがほぼないような土地（市街化調整区域内にある田畑、山林、雑種地など）が含まれることがあります。そのような土地を物納した事例を紹介します。

事例概要

場所　　埼玉県内

被相続人Aさん（男性）が死亡

相続人　　Aさんの子ども3人（長女、長男、次女）

相続した土地　　自宅、田畑、山林、雑種地で全て市街化調整区域内

遺産総額　1.5億円（ほとんどが土地で、現金・預金は100万円のみ）

相続税額　1400万円

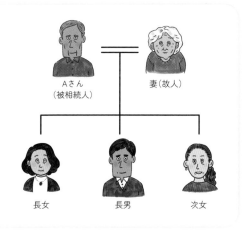

エピソード

被相続人であるAさんがお亡くなりになり、Aさんの残されたお子さん3人（長女、長男、次女）が相続人となりました。遺産総額は1億5000万円です。そのほとんどが土地で、相続税は1400万円でしたが残された現預金は100万円でした。

また、相続人の収入が農業収入による年間30万円であったことと、現預金も今後の生活費等に必要な分しかなかったため、**金銭納付困難事由に該当**していました。

そこで、相続人となった3人のお子さんは相続税の支払いのために相続した土地を売却しようと考えました。ところが、土地の全てが市街化調整区域内の農地や雑種地や山林であったため、現実的にはほとんど売却の見込みがありませんでした。

そこで、当事務所に相談があったので私は次のようにアドバイスをしました。

市街化調整区域内

このうち、山林を物納した

「**民間では土地の売却が難しいのであれば、最終的に物納にして、相続税分を支払えるようにしましょう**」

　土地が、物納することができない**管理処分不適格財産**に該当しない限りは、物納することが可能です。また、本事例ではすでに相続者が金銭納付困難事由に該当するなどし、自然と物納の条件を満たしていました。

物納ポイント③

　本事例のポイントは以下の3つになります。

> ①相続した土地は市街化調整区域内の土地でなおかつ農地や山林といった劣後財産に該当するため、実際的にはほとんど売却の見込みがなかった。
> ②市街化調整区域内の山林のうち、相続税評価額が相続税とほぼ同じ金額分を物納することにした。
> ③農業収入は年間30万円のため、金銭納付困難事由に該当し自然と物納の要件を満たしていた。

　市街化調整区域の場合、物納の優先順位として本来、宅地であるが、実際に住んでいる（居住権がある）ため、外してもよい規定があるため、劣後財産となる。住む場所を取り上げることはできず、宅地以外のどこかを物納となり、本例の場合では山林を物納した。

6 区画整理地内、使用収益が開始されていない土地の物納

劣後財産に該当する土地区画整理事業が施工中の土地で、仮換地（区画整理施工後の土地）の使用収益が開始されていない土地を物納した事例をご紹介します。

本事例では、当事務所が１年間の長期に渡って当局と交渉した結果、優先順位が低く物納ハードルが高い劣後財産を物納することができました。

事例概要

被相続人　Aさん

相続人　Aさんの配偶者B、子C・D
（いずれも知的障害者）の３人

相続財産　預貯金2000万円、
　　　　　土地・建物４億2000万円

相続対象地の全ての土地が区画整理事業地内の土地で、仮換地の使用収益が開始されていない

納税額　子C＝3200万円、子D＝3200万円

Aさん　　妻（B）

子（C）　　子（D）

エピソード

相続人Bの配偶者であったAが亡くなり、預金はBが相続し、土地・建物はBと子C・Dが３名の共有により相続すると遺産分割及び申告が他の税理士事務所で済まされていました。相続した土地は１か所を除き区画整理が施工中で仮換地（区画整理施工後の土地）の使用収益が開始されていませんでした。使用収益が開始されていない土地は、相続税評価額よりかなり低い金額でしか買い手が現れなかったため、**使用収益が開始されるまで一時的に（５年間）延納**を行っていました。その間にBも死亡しています。

ところが、売却予定地の区画整理が思うように進んでいないため、生活費の確保及び延納が厳しくなってきたので、他に何か良い方法はないかとの相談をC・Dの後見人の司法書士の先生から当事務所が相談を受けることになりました。

当事務所で以下の対応を国税庁に対して行なった結果、１年間という時間はかかりましたが、結果として劣後財産に該当する土地区画整理事業が施工中で、仮換地の使用収益が開始されていない土地を物納することに成功しました。

① 相続人の生活費の確保

　当事務所で対応始めた時点では、すでに一部の土地では使用収益が開始されていたため、土地の売却資金のほぼ全てをC・Dの当面の生活費として確保することを最優先し、延納の際の生活費の金額を通常の規定よりも多く認めてもらう（例外規定）ことを交渉しました。ただし、土地を売却する予定がある場合には、物納申請時に添付する「金銭納付を困難とする理由書」の臨時的収入欄に記載する必要があります。当然、臨時的収入があれば、延納によって納付することができる金額が出来てしまい、物納許可限度額は減額されてしまいます。

② 特定物納の交渉

　CとDの生活費の確保を優先することにより、延納による納付の見込みが立たないことから、延納から物納に切り替える特定物納の適用の交渉をしました。交渉には1年程時間を要したものの、結果として上記主張①と②ともに認められ、劣後財産に該当する使用収益が開始されていない土地を物納することができました。

　このように通常は優先順位が低く物納ハードルが高い劣後財産でも交渉次第では、物納することができます。

物納ポイント

本事例でのポイントは以下の2つになります。

> ①相続人の生活費の確保 → 延納の際の生活費の金額を通常の規定よりも多く認めてもらう（例外規定）に成功。
> ②特定物納の交渉 → 延納から物納へ切り替える特定物納を行い、劣後財産に該当する使用収益が開始されていない土地を物納することに成功。

通常、区画整理地内で仮換地の使用収益が開始されていない土地については、物納劣後財産に該当し、原則として他に適当な価額の財産がある場合には物納に充てることができない財産とされていますが、本事例では上記の①と②の対応をとった結果、劣後財産を物納することができましたので、交渉次第では劣後財産も物納できる可能性があります。

● 仮換地のイメージ

現況（従前地）

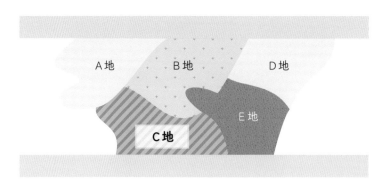

仮換地後

形の悪い、不整形地を整形します。たとえば、下記の場合であれば、整形後のＣ地を物納するというイメージ。なお、Ｄ・Ｅ地のように仮換地の際の整形時に合筆するケースもあります。

　土地の広さは、仮換地後に約３割減となるのが一般的ですが、整地されるために土地の価値は高まります。

この他に、物納しない場合や物納できない場合、鑑定評価で相続税評価額を下げて節税することも一考です。

4章

農家と地主の
相続対策は
こうしておきたい

相続のプロ・相続実務士の現場で見てきた、
農家・地主さんらの生前・相続時の対策を
事例とともにご紹介します。

ケース
1

土地13か所のうち収入は１か所！
固定資産税しか払えない！

土地２億円台・相続税の予想額5805万円のＡさん

Aさんの父親の家族構成

被相続人予定者　**父親**（80歳。農業従事者〈野菜農家〉）

母親（78歳）、

長男＝相談者（50歳。会社員）

次男（独身。会社員）

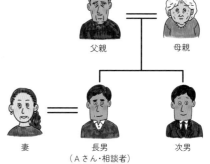

父親　　母親

妻　　　長男　　　次男
（Ａさん・相談者）

Aさんの父親の財産構成

〈不動産・土地〉

自宅土地：1476㎡	3587万円
貸家：839㎡	3764万円
市街化農地（畑）：合計8100㎡	1億9456万円
調整農地（田）：合計5200㎡	400万円
小計	2億7207万円

〈不動産・建物〉

建物：自宅・作業所・貸家８棟	1037万円

〈金融資産〉

現金・預金	2000万円

合計	**3億244万円**

3%
7%

90%

土地　建物　現金

相続税予想額	5805万円

相談内容

　野菜農家の父親が心筋梗塞を起こして入院、退院できたものの、今後、農業の継続が難しくなりました。それまでは母親と相談者の長男の妻が農業を手伝ってきました。息子二人は会社員のため、休みの日に手伝う程度しかできません。これから相続のことも考えるとどうしていくのがいいかと、長男夫婦が相談に来られました。

　相続対策としてすすめられて、所有地を活かして8棟のアパートを建てていますが、年数が経ち、半分の4棟は空室のままとしています。残る4棟から家賃は入りますが、固定資産税を払うと生活費まで回せないほどの収入にしかなりません。まだ空地もあるので、もっと土地活用したほうがいいかとも悩んでいるといいます。

現状分析と課題

財産の90％が市街化区域内の農地、畑
ほとんどが活用されていない畑。収入があるのは1か所。固定資産税は年間115万円。

最寄り駅から徒歩25分以上
賃貸住宅には向いていない。
現在所有している賃貸物件も半分は空室。

農業の後継者がいない
農業では採算が合わないため営農するメリットがない。
納税猶予を適用すると相続税は6分の1程度になるが使えない。

収支が合わない
13か所の土地のうち収入があるのは1か所192万円のみ。
全体の固定資産税を払うとほとんど残らない。

●Aさんの現状分析と課題について

総資産	3億244万円	金融資産 (現預金・有価証券)	2000万円

年間収入　190万円

	配偶者有
総資産	3億244万円
基礎控除	4800万円
課税遺産総額	2億5444万円

 → 相続税額 **5805万円**

↓ 対策の方針

 課題

不動産	・財産の割合の9割が不動産（農地）。 ・土地は駅徒歩25分以上と立地条件が厳しい。
納税・節税	・現状の金融資産では納税できない。 ・後継者がおらず、「農地の納税猶予」が使えない。
収入の確保	・所有している貸家の半数が空き家に。 ・将来の収益を確保する必要がある。

Tさんの課題チェック

☑	**不動産が多い**	自宅の他にも不動産がある
☑	**広い土地**	広い土地がある
☑	**生産緑地**	生産緑地に指定された市街化の農地がある
☐	**特殊事情**	無道路、不整形など事情がある
☑	**不動産の活用**	未利用の土地や更地がある
☑	**賃貸事業**	賃貸事業の見直しや検討が必要
☐	**底地の所有**	借地人が居住している土地がある
☑	**相続税**	現状で相続税がかかることは間違いない
☑	**相続税納税**	相続税の納税資金がない
☑	**土地の売却**	土地を売却しないと納税できない
☐	**納税猶予**	以前に納税猶予を受けた農地がある
☐	**不動産の物納**	物納したい土地がある

対策の提案①

資産組替……農地9か所を売却して区分マンションを購入

土地9か所の相続評価　　2億3220万円

売却予想額　　　　　　　1億6000万円（※区角割などすると減額されるため）

購入後評価　　　　　　　4800万円（※売却価格の30％と想定、仲介手数料などの経費は
考慮外）

対策の提案②

生命保険……1500万円

非課税枠分を加入

対策の提案③

教育資金贈与……1500万円

対策のポイントと効果 👉

相続税が減らせる

5805万円→0円に

収入が増やせる

年間192万円→年間400万円に（2倍）

固定資産税が減らせる

年115万円→80万円程度

　農家は土地があることが大前提ですが、純粋な農地は市街化調整区域にあります。市街化調整区域内の農地は農地としての利用に限られているため、固定資産税も低く維持するのはそれほどの負担はありません。原則は家が建てられない土地で、農家同士の売買に限られるため、一般の市場に出ることもありません。

　しかし、家が建てられる市街化区域の場合は、生産緑地に指定しない限り、農地も宅地並み課税となり、固定資産税も相続税も一般の宅地と変わりません。

　ということは、市街化区域にある農地は農業収入よりも固定資産税が高く、収入がないと維持することは難しいといえます。宅地に転用してアパートなど建てて収入を上げていくか、売却して賃貸物件に買い替えるなどして収入を生む不動産にしないと維持できません。

　A家の場合は、その典型的な事例で、13か所の土地のうち自宅と貸家以外の農地からは収入がなく、貸家の家賃で固定資産税を払うと毎月の生活費も出ないことになります。多くの土地があってもプラス資産になっていないということです。

　土地の収支を確認し、プラス財産にしたうえで、相続税も減らせるよう意識を切り替えて対策に取り組んでいただく必要があります。

資産組替・相続税納税について

売却予定の土地9か所

※写真はイメージです

↓ 売却

資産組替

収益物件
マンション1棟

生前贈与
区分マンション

**購入時と同じ価格で
売却できる物件の選定**

売却 → 現金化 →（評価減）**資産組替** →（評価減）生前贈与 ← **相続発生** → 売却

節税対策のイメージ

現状の相続税予想額
5805万円

対策①
生命保険非課税活用

対策④
小規模宅地等の特例

対策②
不動産の売却

対策⑤
おしどり贈与

対策③
資産組替

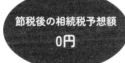

節税後の相続税予想額
0円

節税額＝5805万円

不動産収支（年収）
400万円

200万円増

農家［生前］
土地25筆。維持するため
借入残１億8000万円！
まだ相続税がかかる

土地４億円台・相続税の予想額6300万円のＢさん

Ｂさんの家族構成

父親（85歳）……長女（相談者）名義の建物に長女と
同居

長女＝相談者（50代）……父名義の土地に自分名義
の建物を建てて父と同居

次女（50代）……夫と２人暮らし

長男（50代）……近隣（自宅から100ｍ程離れた場所）
の父名義の土地に長男名義の建物を
建てて妻と子（女）と３人暮らし

※母は亡くなっている。
⇒将来、相続人は３人（長女・次女・長男）

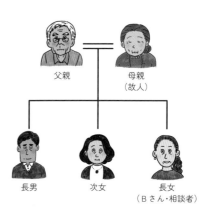

Ｂさんの父親の財産構成

〈土地・建物〉

自宅、畑、田など14か所（土地）	4億744万円
自宅、賃貸住宅４棟、他（建物）	7620万円

〈金融資産〉

預金・有価証券	3170万円
生命保険	200万円

〈借入金〉

	1億8000円
合計	**3億3374万円**

↓

相続税	6580万円

6.5%
14.7%
78.8%

土地　建物　金融資産

相談内容

Bさんは母親が亡くなったあと、実家で父親と同居するときに、自分が自宅を建てて父親と同居しています。

自宅の敷地が300坪あり、手前に建て直して住替えたため、もとの自宅が空家になっています。その敷地は450㎡あり、維持したいので活用を検討しているところです。

けれどもすでに近隣に4棟のアパートを建てており、まだ建築費の借入が残っていることもあり、どうすればいいか迷って、Bさんが相談に来られました。

いずれも所有のアパートは、最寄り駅から徒歩20分程度かかり、20年、30年後に家賃が下落するのではないかと心配もしているといいます。

また、父親の土地に自分で家を建てて父親と同居しているが、小規模宅地等の特例が使えるか？　確認しておきたいとのこと。

妹、弟と円満に相続することも考えたておきたいので、アドバイスをしてもらいたいということでした。

さらに、生産緑地の対応についても決めかねていらっしゃいました。

現状分析と課題

● 金融資産よりも相続税の予想額のほうが高い

金融資産では相続税が払えないことが想定される。

● 土地が最寄駅から離れている

徒歩20～30分の立地で賃貸事業の適地とは言えない。

● 土地が同じエリアにまとまっている

賃貸の空室リスクなどが一度に来る。

● 賃貸事業の収支バランスがよくない

現在は、家賃収入が年間2750万円あるが、固定資産税300万円と借入返済700万円を支払う必要があり、今後、家賃の下落や空室があると厳しくなる。

Bさんの現状分析と課題について

総資産	3億3374万円	金融資産	3170万円	不動産収入	2750万円／年

総資産	3億3374万円
基礎控除	4800万円
課税遺産総額	2億8934万円

→ 相続税額 **6580万円**

 課題

納税
・現在金融資産額よりも相続税予想額が上回り、収支を見直し、納税資金の確保。

資産の集中
・瓦葺きの不動産に資産が集中しており、地域の景気に左右されやすい状態。資産（不動産）のエリア分散。

生産緑地
・30年の生産緑地が終了し、継続して「特定生産緑地」とする見込み。今後10年間は固定資産税も農地並みで有効だが、その後の活用・処遇の検討が必要。

Wさんの課題チェック

☑	**不動産が多い**	自宅の他にも不動産がある
☑	**広い土地**	広い土地がある
☑	**生産緑地**	生産緑地に指定された市街化の農地がある
☐	**特殊事情**	無道路、不整形など事情がある
☑	**不動産の活用**	未利用の土地や更地がある
☑	**賃貸事業**	賃貸事業の見直しや検討が必要
☐	**底地の所有**	借地人が居住している土地がある
☑	**相続税**	現状で相続税がかかることは間違いない
☑	**相続税納税**	相続税の納税資金がない
☐	**土地の売却**	土地を売却しないと納税できない
☐	**納税猶予**	以前に納税猶予を受けた農地がある
☐	**不動産の物納**	物納したい土地がある

対策の提案①

土地活用……検証はしたが、積極的にはお勧めできない

メリット　　⇒　土地が残せる

デメリット　⇒　建築資金の借入が必要で次世代まで継承される

　　　　　　　　空室がでると収支バランスが崩れる

アパートの場合

敷地面積：454.02㎡（137.34坪）

想定延床面積：330.57㎡（100坪）

※1戸あたり14坪前後

※写真はイメージです

アパート

木造：2階建

総戸数：6戸

総事業費：6000万円（外構費込）

※建築事業費1坪あたり60万円推定

【収支】

	月額	年間
満室想定賃料収入	約39万円	約468万円
借入金返済額（22年返済・1.0%想定）	約25.4万円	約304.8万円
差引収支	**約13.6万円**	**約163.2万円**

相続税評価

【検証結果】

メリット　　　土地を残せる　**デメリット**　・空室が3戸発生した場合、収支のバランスが簡単に崩れる

　　　　　　　　　　　　　　　　　　　　　・次世代へ借入が残る

　　　　　　　　・相続税は節税できるものの借入金と空室リスクの不安が残る

相続税予想額
2895万円

節税額＝1932万円

資産組替……妥当な選択肢だとお勧めできる

メリット　⇒　売却代金で借入のない不動産を購入できる

　　　　　　　立地を選ぶことができ、賃貸事業の空室リスクを減らせる

　　　　　　　評価が安くなり、相続税や固定資産税が減らせる

デメリット　⇒　土地を売却するので残せない

仮に土地を売却した場合

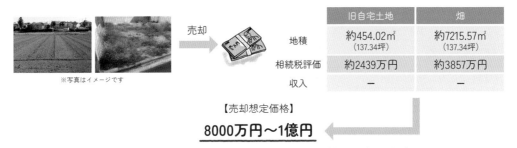

	旧自宅土地	畑
地積	約454.02㎡ (137.34坪)	約7215.57㎡ (137.34坪)
相続税評価	約2439万円	約3857万円
収入	—	—

※写真はイメージです

売却

【売却想定価格】

8000万円〜1億円

※尚、購入者による整地費用・解体費の負担、および詳細な現地調査によって
査定額が変動する場合があります

売却後手残金額（売却金額手許金融資産）

9159万円

売却後の相続税予想額

約4785万円

※上記手残金額及び相続税予想額は8000万円で売却できた場合を想定して算出

売却後資産組替　評価減と賃料収入

売却手残：約6159万円

手元資金：約1500万円

1戸2,500万円の収益分件を3戸購入

計：7500万円

×3

土地を売却し、借入のない収益物件に組み替えることにより

収支改善・エリア分散をはかる

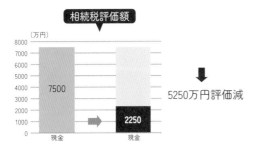

相続税評価額

5250万円評価減

賃料収入

300万円収入増／年

対策前相続税予想額
約4785万円

対策後相続税予想額
約3163万円　節税額＝1622万円

対策のポイントと効果

相続税が減らせる

6580万円→**3165万円**　 52%減

収入が増やせる

年間０万円（旧自宅の空家）

→**年間300万円に**（２倍）

固定資産税が減らせる

年300万円→**100万円程度**

相続実務士より

　農家であれば同じエリアに何か所も土地を所有されていることが多いのが現状でしょう。管理しやすいというメリットがあるでしょうが、賃貸事業では競合するため、得策とは言えないことがあります。

　また土地を残すには土地活用が定番ですが、アパートを建てるとなると建築資金の借入が必要となり、返済の負担や不安が付きまといます。

　そこで多く持つという考えから、借入のない不動産を持つ、賃貸事情のよい立地を選ぶという視点に切り替えてみてはいかがでしょうか？　土地を売却して区分マンションのような賃貸不動産に買い替えていくことも資産の持ち方の選択肢となります。

　借入のない不動産となれば返済の不安もなく、空室期間のリスクも減らせます。状況に合わせていつでも売却できる安心感もあります。

　土地を同じところにずっと持ち続けるのが農家の跡取りの務めだと言われる方が多いのですが、現実的な考え方に切り替えていくと不安解消することができます。

ケース
3

30年間貯めたお金は
相続税でなくなる！

土地5億円台、85％が貸宅地・相続税2億8000万円のCさん

Cさんの家族構成

被相続人　**亡母**（90代）

相続人　**長女＝相談者**（Uさん60代）
　　　　長男（会社員、50代）

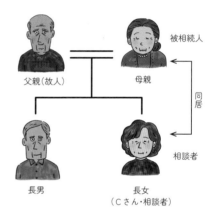

父親（故人）　　　母親　← 被相続人

同居

長男　　　　　長女
　　　　　　（Cさん・相談者）　← 相談者

Cさんの母親の財産構成

〈不動産・土地〉

自宅、貸宅地、駐車場、アパート、更地など　5億2700万円

〈不動産・建物〉

自宅、アパート　　　　　　　　　　　　　4800万円

〈金融資産〉

現金・預金・生命保険　　　　　　　　　2億4450万円

〈借入金〉

　　　　　　　　　　　　　　　　　　　8500万円

| 合計 | 7億3450万円 |

↓

相続税予想額　　　　　2億7360万円

23%
6%
6%
65%

■ 土地
■ 建物
■ 現金・預貯金
■ 生命保険

相談内容

　母親が亡くなり、Ｃさんと弟の２人で相続税の申告が必要になりました。地主の家系のため、長男の父親が跡取りとして祖父からほとんどの不動産を相続しましたが、50代で急逝してしまいました。そのときにも多額の相続税がかかりましたが、それでも配偶者の特例が活かせたので、父親と同様に母親が大部分の不動産を相続しています。

　母親の二次相続では、父親のとき以上の相続税がかかることはわかっているため、母親は「とにかく相続税を払える分だけ残しておかないといけない」というのが口癖でした。

　それだけに多額の生命保険に加入し、預金も残してきたため、そうした金融資産で相続税の納税はほぼめどがつくと思われます。

　相続税の申告は毎年確定申告を依頼している税理士に相談しているが、それだけでは不安があり、どのような相続の仕方がいいのか、迷っているのでアドバイスしてもらいたいと相談に来られました。

現状分析と課題

自由度が低い貸宅地が多い
土地を持っているだけで活用できない貸宅地は売却、土地建物の所有に切り替える。

相続税が高額
相続税を納税すると30年かけて貯めてきた金融資産が残らない。

土地が同じエリアにまとまっている
賃貸の空室リスクなどが一度に来る。

賃貸事業の収支バランスがよくない
地代収入の利回りが１％程度のものがあり、改善が必要。

● Cさんの現状分析と課題の整理について

総資産	7億3450万円
基礎控除	4200万円
課税遺産総額	6億9250万円 → 相続税額 2億7360万円

財産構成グラフ

- 生命保険:23%
- 金融資産:6%
- 建物:6%
- 土地:65%

所有不動産の内訳

- 自宅土地:6.1%
- 更地:6.4%
- 駐車場:17.2%
- 貸地:63.0%
- アパート:4.2%
- 山林:0.82%
- その他:2.3%

🔍 課題

納税
貸宅地の整理による納税資金の捻出
・次世代の相続をふまえ現預金からの納税ではなく、所有不動産の資産管理を行い、不動産売却により納税する。

評価・申告
時価評価を含める申告
・貸宅地等は接道状況や形状による減価の余地があり、申告後更正請求（再申告）による相続税減額も検討する。

分割
次世代へ資産を継承するための相続
・今までのように家に同居する者が不動産を相続してよいか検討する

Uさんの課題チェック

☑	不動産が多い	自宅の他にも不動産がある
☐	広い土地	広い土地がある
☐	生産緑地	生産緑地に指定された市街化の農地がある
☑	特殊事情	無道路、不整形など事情がある
☑	不動産の活用	未利用の土地や更地がある
☑	賃貸事業	賃貸事業の見直しや検討が必要
☑	底地の所有	借地人が居住している土地がある
☑	相続税	現状で相続税がかかることは間違いない
☑	相続税納税	相続税の納税資金がない
☑	土地の売却	土地を売却しないと納税できない
☐	納税猶予	以前に納税猶予を受けた農地がある
☑	不動産の物納	物納したい土地がある

対策の提案

納税案……貸宅地の売却

貸宅地のうち、収支のよくないものや利用区分が明確でないものなどを選別し、22カ所を売却し、整理するとともに、売買代金で相続税を捻出する。

評価……時価評価を採用

貸宅地は路線価評価以下にしか売れない見込みとなっており、申告期限までに売却を終え、時価申告することで相続税も減らせる。

分割案……次の相続対策を視野に

Cさんと弟の相続対策がしやすくなるように、預金を残して対策用に使えるようにする。

分割案……姉弟の共有はない

どちらかが不動産を相続するのではなく、ほぼ等分に分けて維持することを考える。

提案の目的

申告書に基づく相続だと……

資産の4割が相続税でなくなってしまう

対策①	対策②	対策③
分割割合を変更	納税のための不動産売却	次の相続対策

● 相続税の納税計画

相続人個々の納税額を説明、納税方法を確認・提案する

〈一般的な納税方法〉

現金	相続財産に現金がある場合
代償金	相続人からの現金で納税
自己資金	自分の預金等で納税
不動産売却	売却代金で納税
延納	分割払い・担保提供必要
物納	不動産や有価証券で納税

対策のポイントと効果 ☞

貸宅地を売却して優良不動産にしていく

貸宅地のうち、収支のよくないものや利用区分が明確でないものなどを売却して、整理することで、保有していてもよい優良不動産が残せ、資産のバランスが改善される。

不動産を時価評価、相続評価以下になれば節税になる

不動産の評価の基本は「路線価×面積」が相続評価だが、個別事情により相続評価以下の価格でしか売れないことがある。その場合は、「売買価格」＝「時価」として、評価が下がった分は相続税が少なくなり、節税できる。

納税は売却代金で済ませられる

預金や生命保険金で支払うのではなく、生産性の低い貸し宅地で納税することで金融資産を残すことができ、相続した子どもが有効に活用できる。

今までどおりの持ち方ではなく子どもに分割していく

今まで母親が一人で不動産をかかえてきたことでは負担も多いため、子どもがそれぞれ不動産を相続して維持していくことで相続税も分散され、収入も分け合うことができる。

● 生前対策を行った場合の節税イメージ（Cさんの相続人2人）

〈2億円の財産の場合〉

適用前の相続税予想額
3362万円

対策①
生命保険の非課税枠利用
1000万円の評価減

対策②
1億5000万円の資産組替等
1億500万円の評価減

適用後の相続税予想額
556万円

節税額＝**2806万円**

相続実務士より

　貸宅地は所有者が使える土地ではなく、地代も安いとなると財産の価値は半減します。先代から引き継いで守る気持ちは理解できますが、そのため土地は残せても金融資産は相続税でなくなってしまうループに陥ってしまいます。

　土地の数が財産という考えから、数は減らしても質の良い不動産に変えて持つことで相続税を減らし、収入を増やす資産にすることはできるのです。

　土地持ち資産家の方は発想の転換が必要な時代になってきていると言えるのではないでしょうか。

ケース
4

広い自宅、築年数の経ったアパート、このままではどれも不安！

土地3億円台、預金合わせて4億8000万円のDさん

Dさんの家族構成

父親（他界・享年70歳）

母親（60代）

長男＝相談者（30代・会社員）

長女（30代・既婚者）

次女（20代・独身）

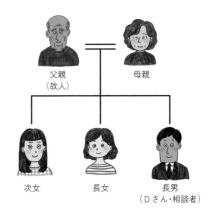

父親
（故人）

母親

次女　　　　　長女　　　　　長男
（Dさん・相談者）

Dさんの母親の財産構成

〈不動産・土地〉

土地	3億2600万円
建物	2300万円

〈金融資産〉

現預金	1億7500万円
保険金（非課税）	870万円

〈借入金〉

	△4400万円

合計	**4億8000万円**

4.3%

34.5%

61.2%

▨ 土地
▨ 金融資産
▨ 建物

相続税予想額　　**1億2180万円**

相談内容

Dさんの父親が急に亡くなり、母親が財産の半分を相続して手続きは終わりました。

今回、母親は納税をしなくてもよかったものの、次は納税が必要です。そこで二次相続対策をしておきたいと相談に来られました。

亡くなった父親は長男なので、祖父から自宅やアパートの土地を相続しており、ほとんどの土地にアパートやマンションを建ててきています。

しかし、自宅の土地が200坪以上あり、建物も築50年経ち、古くなっています。他のアパートも築40年ほどで空室が目立ち、今後の維持に苦労をしそう……。

母親の二次相続対策をどのようにすればいいか、アドバイスをしてもらいたいというこがDさんのご希望でした。

現状分析と課題

200坪の自宅
自宅の敷地が200坪あり、有効に活用されているとは言えない。

建物は老朽化
築年数が経った賃貸住宅ばかり。

賃貸事業
建物が古く、管理の状況がいいとは言えないため、半分程度は空室。

● Dさんの現状分析と課題について

総資産 4億8000万円　　金融資産 1億7500万円　　不動産収入 700万円

総資産	4億8000万円
基礎控除	4800万円
課税遺産総額	4億3200万円

→ 相続税額 **1億2180万円**

 課題

不動産	・土地を活用されているが、どれも建物が古い。
納税・節税	・納税する現金はあるが、そのままでは節税できない。
収入の確保	・賃貸物件の築年数が古いため空室が目立ち、収入が少ない。 ・駐車場も満車にならない。

Hさんの課題チェック

☑	**不動産が多い**	自宅の他にも不動産がある
☑	**広い土地**	広い土地がある
☐	**生産緑地**	生産緑地に指定された市街化の農地がある
☐	**特殊事情**	無道路、不整形など事情がある
☐	**不動産の活用**	未利用の土地や更地がある
☑	**賃貸事業**	賃貸事業の見直しや検討が必要
☐	**底地の所有**	借地人が居住している土地がある
☑	**相続税**	現状で相続税がかかることは間違いない
☐	**相続税納税**	相続税の納税資金がない
☐	**土地の売却**	土地を売却しないと納税できない
☐	**納税猶予**	以前に納税猶予を受けた農地がある
☐	**不動産の物納**	物納したい土地がある

対策の提案

住み替え……自宅売却

200坪の自宅を売却し、住み替える

購入……賃貸物件を購入する

自宅購入の残りで、賃貸物件を購入するる

贈与……子どもへ贈与

子どもの自宅購入資金などを贈与する

収益物件購入の検証と収益の確認

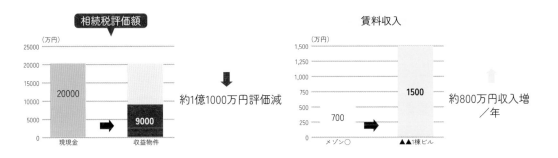

● 生前贈与の対策

生前贈与は相続税の対策として有効ですが、

贈与方法により贈与税額に**大きな差**があります

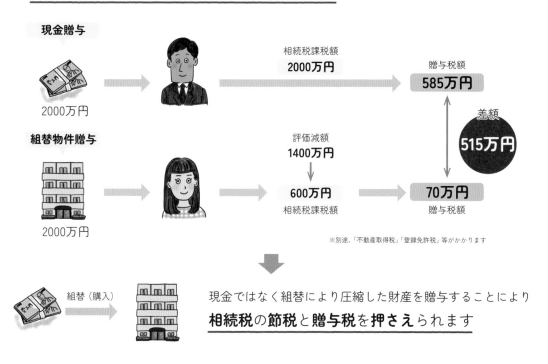

現金贈与

2000万円

相続税課税額
2000万円

贈与税額
585万円

差額
515万円

組替物件贈与

2000万円

評価減額
1400万円
↓
600万円
相続税課税額

贈与税額
70万円

※別途、「不動産取得税」「登録免許税」等がかかります

組替（購入）

現金ではなく組替により圧縮した財産を贈与することにより

相続税の節税と**贈与税を押さえ**られます

対策のポイントと効果

相続税を減らせた

2億円→**5000万円**

収入が増やせる

年間700万円→年間1500万円に（2倍）

固定資産税が減らせる

年115万円→**80万円程度**

　200坪の自宅は広く、活用しきれていない現状でした。小規模宅地等の特例が生かせるのは330㎡までとなっていることでそれ以上は特例のメリットはないのが明白です。

　そこで、自宅を相続評価以上の価格で売却し、新たな自宅を購入されることをおすすめしました。売却代金の残りで賃貸物件を購入することで節税効果を活かし、収入も増やすことができます。

　広い自宅は資産家の証ではありますが、相続税的にみると効果が半減しています。

　広い自宅のまま維持するよりは、特例が生かせる程度とし、賃貸物件に分けて所有することが得策だと言えます。

5章

相続の手続きの
基礎知識・流れ

これだけは知っておいていただきたい相続の
基礎知識と、生産緑地や農家ならではの特典、
更正請求のポイントを解説します。

1 相続発生後の タイムスケジュール

まずは、期限と順序を知りましょう。

相続すると相続人は亡くなった人（**被相続人**）の財産に関するすべての権利と義務を継承することになります。相続は身近な人が亡くなることで始まりますので、ほとんどの人が必ず経験するといってもいいでしょう。しかし、実際に身近な人が亡くなると、大変慌ただしくなり心の準備もままならないまま葬儀や法要などの準備を行わなければならず、相続についてじっくり考えることもできないうちに時間だけが過ぎていくのが実態です。

相続に関する手続きには定められた期間内に行わなければならないものもあり、期限内に適切に手続きを行わなければ罰則があるものもあります。そのような手続きを「知らなかった」というのは通用しませんので、まずは相続に関する全体のスケジュールを把握しておきましょう。

3種類ある相続の仕方

相続の仕方には以下の3種類あります。

①**単純承認**：被相続人のプラスの財産もマイナスの財産もすべての財産を無条件に承継。
②**限定承認**：被相続人の資産状況がよくわからないというケースで、「プラスの財産＜マイナスの財産」であった場合、プラスの財産の範囲内しかマイナスの財産を相続しない。
③**相続放棄**：被相続人の財産をいっさい相続しない（放棄する）。

相続するか否かを**3か月以内**に決めて、相続を放棄する場合あるいは限定承認などの場合は家庭裁判所に申し立てます。次に**4か月以内**に、被相続人に所得がある場合、**準確定申告書**を作成し申告します。そして**10か月目までに**、相続する財産が基礎控除を超える場合は、相続税の申告をして納税します。

相続のスケジュール

7日以内	3か月以内	4か月以内	10か月以内

死亡届を提出

○葬儀費用の領収書類を保管整理
○遺言書の有無を確認
○相続人の確認

相続の放棄・限定承認の申し立て

被相続人の所得税の申告・納付（準確定申告）

○財産の評価・鑑定
○遺産分割協議書の作成
○財産の名義変更の手続き
○相続税申告書の作成

相続税の申告・納付（延納・物納の申請）

相続に関する順序

① 相続人を確認する

亡くなった人の戸籍謄本を生まれた時から亡くなるまで取得します

② 遺言書の有無を確認する

③ 財産と借入の大まかな状況を把握する
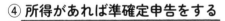
放棄するなら3か月以内

④ 所得があれば準確定申告をする
所得を確認して4か月以内に申告

⑤ 財産を評価して遺産分割協議、相続税を申告する
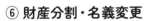
亡くなってから10か月以内

⑥ 財産分割・名義変更
不動産、金融資産を分けて名義変更する

125

2 　範囲と申告上の注意点①

相続人の範囲と順位を知っておきましょう。

相続が発生したときに相続人になることができる人（**法定相続人**）と、目安となる相続の割合（**法定相続分**）は法律で定められています。法定相続分は、遺産分割の合意が相続人の間でできなかった場合の遺産の取り分であり、必ずこの割合で遺産の分割をしなければならないというわけではありません。遺産分割協議の結果、相続人全員が同意した別の分割の仕方があれば、その通りに分割することができます。

相続人の範囲

被相続者に配偶者がいる場合は、配偶者は常に相続人となります。配偶者以外の相続人は第1順位から第3順位まで定められており、その順番に応じて配偶者とともに相続人になります。

配偶者：

配偶者がいる場合は、配偶者以外のすべての相続人とともに常に相続人になります。

第1順位：

被相続者の子供が相続の順位1位となります。ただし、その子供がすでに亡くなっている場合は、その子の直系卑属（子供や孫など）が相続人となります。

被相続人に配偶者と子供の両方がいる場合は、配偶者が2分の1を相続し、残り2分の1を子の人数で等分します。例えば、配偶者がいて子が2人（A・B）いる場合は、配偶者が2分の1、子Aが4分の1、子Bが4分の1（子A＋子B＝2分の1）となります。

第2順位：

被相続人の直系尊属（血縁関係にある親族のうち父母より上の世代の親子関係によって規定される親族、例、父母、祖父母、曽祖父母）。ただし養子縁組による義父母もこれに含まれます。第2順位の人は、第1順位の人がいない場合に相続人になります。

子供がいなくかつ父母が存命の場合は、父母が相続人となります。子がいなくかつ父母が故人の場合は、祖父母が存命であれば、祖父母が相続人となります。父母も祖父母もいる時は、被相続者に近い方の世代（父母）が優先されます。

　配偶者がいる場合は配偶者が３分の２を相続し、残りの３分の１を直系尊属で等分します。

> 例）配偶者がいて父母がいる場合は、配偶者が３分の２、父が６分の１母が６分の１
> 　　（父＋母＝３分の１）

相続順位

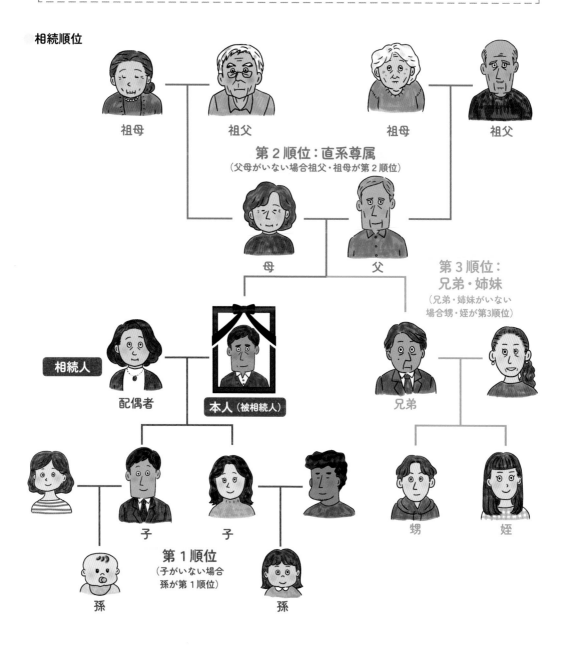

127

3　範囲と申告上の注意点②

相続順位の続きと、注意点、「遺留分」について解説します。

● **第3順位**：
直系尊属も子供もいない場合には、被相続人の兄弟姉妹が相続人となります。

兄弟姉妹がすでに死亡している場合は、その子供が相続人となります。第3順位の人は第1順位の人も第2順位の人もいない場合に相続人になります。

以上の法定相続分をまとめると、次のようになります。

> ● 配偶者と子供が相続人である場合：配偶者1／2　　子供全員で1／2
> ● 配偶者と直系尊属が相続人である場合：配偶者2／3　　直系尊属全員で1／3
> ● 配偶者と兄弟姉妹が相続人である場合：配偶者3／4　　兄弟姉妹全員で1／4

注意点

○法定相続人の順位、第2順位は第1順位の人がいない場合に、第3順位は第1と第2順位の人がいない場合に相続人になります。

○実子だけでなく、養子も実子と同じ相続の権利を有します。

○相続税額の2割加算、配偶者・子供（養子含む）・親以外の人が相続する場合は、相続税はこれらの人が相続する場合と比べて2割増しの税額になります。ただし、孫を養子にした場合は、例外的に2割加算が適用されるので注意が必要です。

知っておきたい「遺留分」について

遺言書には法定相続分より効力があり、遺産分割の方法に自由があります。ただし、まったく自由ということになると財産を他人などに与えられてしまい、遺族が生活に困るというケースも想定できます。

そのような事態を避けるたに、相続人が最低限取得できるように法律で守られている相続分が「**遺留分**」です。

　遺留分の割合は以下となります。

法定相続人	配偶者	子	父母	遺留分の合計
配偶者のみ	1/2	–	–	1/2
子のみ	–	1/2※1	–	1/2
配偶者と子	1/4	1/4	–	1/2
父母のみ	–	–	1/3※2	1/3
配偶者と父母	1/3	–	1/6	1/2

※1：子が3人なら、1人当たり1/6　　※2：父母が健在なら、1人当たり1/6

　遺留分が認められている人を「**遺留分権利者**」と言います。なお、遺留分権利者は兄弟姉妹は該当しません。

　遺言書によって遺留分が侵害されたという場合、たとえば配偶者の場合「私には遺留分として遺産の2分の1を受け取る権利がある」と、財産を多く取得した人に対して、書面にて財産の取り戻しを請求することができます。

都市近郊農家の相続あるある

　民法上は前記の相続分の権利がありますが、親は、長男・長女は後継ぎであるから、長男または長女が全財産のうち、中でも土地・建物は相続させたい、または相続すべきという考えの農家さんが一般的です。昔でいう**家督相続**です。

　実際、遺産分割においては、次男・次女が多少の金銭をもらったあとは、全部長男・長女が相続するケースが多いです。ただし、私たちが手掛ける案件でいえば、10件中1、2件、次男・次女がほとんど何ももらえないことから、遺産相続争いとなる場合もあります。ですが、その際も遺留分すべてを相続したいというケースは稀です。

　現実の民法上の相続と、代々の家督相続との葛藤が生まれる場面ですが、農家さんや地主の方々には「**土地は先祖からの預かりもの**」という意識があるため、きょうだい間で先祖の土地を分けることなく、一族で相続していく価値観が強いのでしょう。

　ちなみに、バカげたことをする人を「たわけもの」という言葉は「田を分ける」ことで一家が衰退していくことが語源とも言われています。

4 亡くなられた方の確定申告は 4か月以内に

重要な期限について3つの点に注意してください。

相続に関して重要な期限が3つあります。**3か月**、**4か月**、**10か月**です。

まず、相続を知ってから3か月以内にそもそも相続する（単純承認もしくは限定承認）のかあるいは相続しない（相続放棄）のかを決めて、家庭裁判所に申し立てを行わなければなりません。

次に、被相続人に申告すべき所得があった場合は、相続を知ってから4か月以内に相続人が準確定申告書を作成して、税務署に申告しなければなりません。

さらに相続を知ってから10か月以内には相続税の税務署への申告と納付が必要になります。

相続税の申告と納付が必要な場合

相続税の申告と納付が必要な場合は、相続する財産の合計が相続税の非課税額（基礎控除額）を超える場合です。また、申告と同じく同期間内に相続税の納付も行う必要があります。

相続税の納付の方法

相続税の納付に関しては、金銭で一括して納めるのが原則です。

しかし、特別な納税方法として**延納制度**と**物納制度**もあり、延納は相続税を分割して納めるもので、物納は金銭で支払う代わりに、財産現物で納めるものです。原則的に物納は現金納付も延納納付も困難な場合にしか申請をしても認められません。これらの適用を受けるには申告期限までに申請書を税務省に提出して許可を受ける必要があります。

期限チェックシート

☐ 3か月以内　・相続するか否か。どんな相続をするか決める。

☐ 4か月以内　・（相続する場合）準確定申告書を作成し、税務署に申告する
　　　　　　　・確定申告に不慣れな場合は、専門家や税理士などに早めに
　　　　　　　　相談する。

☐ 10か月以内　・相続税を納付する。
　　　　　　　・納税資金の確保などを、場合によれば金融機関や専門家に
　　　　　　　　相談する。

納付方法

原則 金銭納付

　納付方法の検討に当たっては、まず、金銭による納付の可否を検討することになります。納期限等までに金銭によりその相続税の全額を納付できるかどうか又は納期限等までに納付できる金額はいくらかを算定してください。

　納付は、最寄りの金融機関（日本銀行歳入代理店）又は相続税の申告書を提出された税務署で納付してください。

期限内に金銭で全額を納付することが困難な場合

　一定の年数の年賦による分割納付を行うことができるかどうかを算定してください。

特例 延納による金銭納付

　納期限等までに金銭で一時に納付することが困難な場合には、その困難な金額を限度として、一定の要件の下で、年賦による分割納付を行うこと（延納）ができます。延納のできる期間は、課税相続財産に占める不動産等の割合に応じて5年〜20年間となっています。また、この延納する相続税額に対しては利子税がかかります。詳しくは、『相続税・贈与税の延納の手引（平成18年4月1日以後相続開始分）』をご覧ください。

延納によっても金銭で納付することが困難な場合

例外 物納

　延納によっても金銭で納付することが困難な場合は、その困難な金額を限度として、一定の要件の下で、相続財産による納付を行うこと（物納）ができます。ノウハウの必要な分野ですので、知見のあるプロに相談してみてください。

出典：令和4年1月 国税庁 延納・物納申請等　資料より

5 故人の所得は相続人が申告

準確定申告が必要な場合について知っておきましょう。

　被相続人に所得がある場合は申告と納税を行う必要があります。これを**準確定申告**といいます。

　準確定申告は被相続人が亡くなった年の1月1日から亡くなった日までの所得について、相続人が被相続人に代わって申告と納税をするものです。

　また、被相続人が確定申告が必要にもかかわらず前年分の確定申告をしていなかった場合には、相続人が前年分の準確定申告と納税を行う必要があります。相続人が複数いる場合は、準確定申告書を連署で提出することもできます。

　準確定申告の期限は相続の開始があったことを知った日の翌日から4か月以内です。

　準確定申告が必要な場合は確定申告が必要な場合とほぼ同じで、次のような場合です。詳しくは国税庁のウェブサイトをご覧ください。

- 被相続人が**2000万円を超える給与収入**があった場合
- 被相続人が給与所得者で**2か所以上から給与の支払い**を受けていた場合
- 被相続人が年金受給者で**受給額が400万円**を超えており、なおかつ**その他の所得が20万円**を超えている場合
- 被相続人に**事業所得**や**不動産所得**があった場合
- **雑所得が20万円**を超える場合
- など

また、以下の場合には申告の必要はありませんが、申告することで所得税などの還付が受けられる場合もあります。

多額の医療費を支払った場合（セルフメディケーション含む）
年末調整を行なっておらず、源泉徴収による納税額が本来納めるべき税金額よりも多くなっている場合
配偶者控除や扶養控除を受ける場合
生前に寄付金控除になる寄付を行っていた場合

準確定申告の手続き

① 故人の**源泉徴収票・通帳・必要書類等**を集める

② 相続人がいる場合は、**相続人全員の署名・押印**が必要になるため、**相続人全員に準確定申告**を行う旨の連絡をする

③ **確定申告書**の作成

④ **確定申告書と添付書類**を併せて税務署に提出する

6　相続税の仕組み①

相続税の計算方法を知りましょう。

　相続税は一概には言えませんが、課税対象の相続財産が4000万円前後あると納税する必要が出てきます。まずは、相続税の計算方法から確認していきましょう。

相続税の計算方法

①財産の評価合計額 ＝
　相続財産 ＋ みなし相続財産 ＋ 生前贈与財産の一部

　相続税がかかる財産は被相続人から相続した財産だけでなく、被相続人が亡くなった時に受け取る保険金（死亡保険金や死亡退職金）などはみなし相続財産として評価合計額に算入されます。

②課税価格の合計額 ＝
　① － 非課税あるいは課税価格の減額対象財産 － 債務 － 葬儀費用

　課税価格は、財産の合計額から非課税あるいは課税価格の減額対象財産（小規模宅地等の特例など）と相続人が支払った債務や葬儀費用などを差し引いた金額になります。

③課税遺産総額 ＝
　② － 基礎控除額

　実際に相続税がかかるのは、この課税遺産総額に対してです。基礎控除は、3000万円＋（600万円×法定相続人の数）となります。

④法定相続人全員分の相続税額 ＝
　各法定相続人の相続税額の合計

　法定相続人が法定相続分で分けたと仮定して各相続人の税額を算出し、合計します。この段階では、実際にどのように相続したかは考慮しません。したがって各法定相続人の相続税額は次のように算出されます。

> **各法定相続人の相続税額 ＝ 取得金額 × 税率 － 控除額**

なお、税率は下図にある速算表を参照します。

⑤各相続人の相続税額 ＝

相続税額総額を各相続人の実際の分割割合で按分

相続税の総額を各相続人が実際に相続する割合で按分し、各相続人の相続税額を算出します。

⑥各相続人が納める相続税額 ＝

⑤ － 控除額

最後に各相続人の相続税額から配偶者控除などの控除分を差し引けば、各相続人の最終的な相続税額が算出されます。

相続税の速算表

法定相続人の取得金額	税率	控除額
1000万円以下	10%	0万円
1000万円超～3000万円以下	15%	50万円
3000万円超～5000万円以下	20%	200万円
5000万円超～1億円以下	30%	700万円
1億円超～2億円以下	40%	1700万円
2億円超～3億円以下	45%	2700万円
3億円超～6億円以下	50%	4200万円
6億円超～	55%	7200万円

7　相続税の仕組み②

評価方法の基本を知りましょう。

　相続税が課される財産、相続財産の価格から控除できるもの、相続財産の評価方法、相続税の具体的な計算方法についてみていきましょう。

相続税が課される財産

　相続税が課される財産とは、被相続人が相続開始の時点で所有していた金銭に見積もることができる経済的価値のある全ての財産のことをいいます。

> 例）現金、預貯金、有価証券、宝石、土地、家屋などのほか貸付金、特許権、著作権など

財産の評価方法

　代表的な相続財産の評価方法には次のようなものがあります。

（1）宅地
　路線価方式：路線価が定められている地域に用いられる評価方法です。対処となる宅地の路線価をもとに算出します。
　倍率方式：路線価が定められていない地域に用いられる評価方法です。対象となる宅地の固定資産税評価額に一定の倍率をかけて算出します。

（2）建物
　原則としては固定資産税評価額により評価されます。

（3）上場株式
　死亡日の終値（最終価格）によって評価されます。ただし、株価が大きく変動する可能

性を考慮して、死亡した月、その前月、その前々月の毎日の最終価格の平均額を死亡日の最終価格と比較して最も低い価格を使ってもかまわないことになっています。

（4）預貯金

死亡日の残高によって評価されます。

■ 基礎控除額

> 遺産に係る基礎控除額 ＝ 3000万円 ＋ （600万円 × 法定相続人の数）

「法定相続人の数」には、相続を放棄した人も含めます。また、養子も法定相続人の数に含めます。ただし、被相続人に実子がいるときは1人まで、実子がいないときは2人までとなります。

相続税の軽減措置と加算措置

相続税には軽減措置と加算措置があり、これらを相続税の計算の際に加味する必要があります。

> 例）軽減措置：配偶者の税額軽減、小規模宅地等の特例など
> 　　加算措置：延滞税、加算税など

相続税の申告と納税

○申告と納税は、被相続人が死亡したことを知った日の翌日から10か月以内に、被相続人の住所地を所轄する税務署に行うことになっています。

○相続税の申告は、相続財産が分割されていない場合であっても上記の期限までにしなければなりません。

○相続財産の分割協議が成立していないときは、各相続人などが民法に規定する相続分又は包括遺贈の割合に従って財産を取得したものとして相続税の計算をし、申告と納税をすることになります。

○その際、相続税の特例である小規模宅地等についての相続税の課税価格の計算の特例や配偶者の税額の軽減の特例などが適用できない申告になりますので注意が必要です。

8 小規模宅地の減額特例

知っておきたい特例。みなさんの状況に該当しますか？

小規模宅地の減額特例とは、相続する予定の土地が被相続人が自宅や事業に使っていた土地（宅地等）であれば、一定の面積まで相続税の課税価格が8割または5割減額される特例です。

特例の対象となる宅地等

この特例の対象となる宅地等は、**特定事業用宅地等、特定同族会社事業用宅地等、特定居住用宅地等及び貸付事業用宅地**等のいずれかに該当するものであることが必要です。

宅地等の区分

宅地等には次の区分があります。被相続人等（被相続人又は被相続人と同一生計であった被相続人の親族）の事業用宅地と、居住用の宅地等があり、さらに事業用宅地は貸付事業用宅地と貸付事業以外の事業用宅地とに分けられます。

○事業用宅地（貸付事業以外）については、400㎡まで相続税の課税価格の8割減額されます。
○事業用宅地（貸付事業用）については、200㎡まで相続税の課税価格の5割減額されます。
○居住用宅地については、330㎡まで相続税の課税価格の8割減額されます。

特例を受けるために必要な手続き

相続税の申告書にこの特例を受けようとする旨を記載するとともに、小規模宅地等に関する計算の明細書や遺産分割協議書の写しなどの書類を添付する必要があります。

小規模宅地の特例区分

相続開始の直前における宅地等の利用区分			要　件	限度面積	減額される割合
被相続人等の事業の用に供されていた宅地等	貸付事業以外の事業用の宅地等	①	**特定事業用宅地等**に該当する宅地等	400㎡	**80**%
	貸付事業用の宅地等	一定の法人に貸し付けられ、その法人の事業（貸付事業を除きます。）用の宅地等 ②	**特定同族会社事業用宅地等**に該当する宅地等	400㎡	**80**%
		③	**貸付事業用宅地等**に該当する宅地等	200㎡	**50**%
		一定の法人に貸し付けられ、その法人の貸付事業用の宅地等 ④	**貸付事業用宅地等**に該当する宅地等	200㎡	**50**%
		被相続人等の貸付事業用の宅地等 ⑤	**貸付事業用宅地等**に該当する宅地等	200㎡	**50**%
被相続人等の居住の用に供されていた宅地等		⑥	**特定居住用宅地等**に該当する宅地等	330㎡	**80**%

出典:国税庁ホームページより

　小規模宅地等の特例では適用を受ける宅地等を以下のように組み合わせることが可能です。なおこの特例が使えるのは、配偶者、被相続人と同居していた親族、被相続人と別居していて、3年以上借家に住んでいる親族に限られます。

宅地等の組み合わせと限度面積

特例の適用を選択する宅地等	限度面積
特定事業用等宅地等（①または②）および特定居住用等宅地等（⑥）〈貸付事業用宅地等がない場合〉	（①＋②）≦400㎡ ⑥≦330㎡ **両方を選択する場合は、合計730㎡**
貸付事業用宅地等（③、④または⑤）およびそれ以外の宅地等（①、②または⑥）〈貸付事業用宅地等がある場合〉	（①＋②）×200/400＋⑥×200/330＋（③＋④＋⑤）≦200㎡

出典:国税庁ホームページより

9 二次相続を考えた配偶者の税額軽減の活用

一次相続、二次相続に対する、
一般的なケースとレアケースをご紹介します。

二次相続とは、**相続をした後に相続人が死亡して、新たに相続（二次相続）が発生する**ことです。例えば、父と母、子供1人がいる場合を想定します。最初に父が亡くなり、配偶者である母が相続人となりますが、その後すぐに母も亡くなり子供が相続するような場合が二次相続になります。配偶者が相続するということは、その被相続人である夫（妻）が死亡していることになりますが、夫と妻の年齢は近いことが多く、その後に二次相続が発生する可能性は高いといえます。

配偶者の税額軽減とは、申告をすれば、**1億6000万円か配偶者の法定相続分相当額のどちらか多い方まで相続税がかからない制度**です。そのため相続の際には配偶者の税額軽減を申告して、配偶者が全財産を相続した方が配偶者が支払う相続税が少なくなります。実際に私たちが実務を行う際は、ほとんどのケースで、いったん税額軽減の特例を活用し、一次相続により納める税金を最大限に減らします。その後、二次相続が発生するまでの間に、不動産を購入するなどの対策を行い、財産の状態を変え、二次相続時にかかる相続税を減少させる手を講じます。

100件中2件あるかないかのレアケース

二次相続を考慮した相続を考えると、配偶者の税額軽減を申告し、配偶者が全財産を相続した方がいいとは一概にはいえません。**むしろ逆に相続税が高くなる場合すらあります。**

理由は主に次の2つです。二次相続では、配偶者が相続した財産に加えて配偶者自身の財産も相続財産に合算され、結果として相続財産の合計額が上がります。また、相続人の人数が一次相続と比べて減少し、基礎控除額も減少します。これらの理由から、二次相続では相続税が一次相続よりも高くなる傾向にあります。

> 例）相続財産が1億6000万円あり二次相続を想定し、一次相続で配偶者の税額軽減を申告する場合に、一次相続で配偶者（妻）が全て相続する場合（ケース1）と、妻と子一人で相続する場合（ケース2）で全体の相続税がどのように変わるか

を計算してみましょう。

※便宜的に相続財産が一次と二次で増減しないものとして計算します。

　結果は、図表にある通りケース２の方がケース１と比べて1632万円も相続税が安くなりました。

　世代をまたいだ相続税の合計という視点に立ち、二次相続まで考慮すると、配偶者が全ての財産を相続するのが必ずしも相続税が最も安くなるというわけではないことがわかります。とはいえ、こうしたケースは一般的には例外。実務の現場から見ると、二次相続時のトラブルを見越して遺産分割を行うなど、100件中２件あるかないかのレアケースです。一般的にはまず、配偶者の特例を活かして財産を "寄せる"。そして、次に備えて財産を整理していくのが基本となります。

　いずれにせよ、配偶者が相続をする際には、二次相続まで見越した上で相続の割合を決めることが重要になります。配偶者が相続する際には、配偶者の税額軽減を申告することを忘れないようにしましょう。申告制なので、申告しなければ配偶者の税額軽減を受けることができません。

◉二次相続と配偶者の税額軽減の活用の例

1億6000万円の財産を妻と子の2人で分ける場合

配偶者税額控除

ケース１

一次

1億6000万円を相続 ➡ 納税額 **0円**

妻

↓

二次

1億6000万円を相続 ➡ 納税額 **3260万円**

子

↓

トータル：3260万円

ケース２

一次

妻 4800万円（30％）　子 1億1200万円（70％） ➡ 納税額 妻：**0円** 子：**1498万円**

↓

二次

4800万円を相続 ➡ 納税額 **130万円**

子

↓

トータル：1628万円

1632万円も安くなる

10 遺産分割の仕方

4つの方法と、その違い、注意点について解説します。

　遺産分割方法を大別すると、**現物分割・代償分割・換価分割・共有分割（名義）**の4つの方法がありますが、実際はこれらの方法を組み合わせた分割の仕方もあります。また、相続人が複数いる場合は、遺産を相続人全員で共有するという仕方もあります。

（1）現物分割

　相続する遺産そのものを現物（例：預金、不動産、株式など）のまま分割する方法です。

> 例）相続人Aには現金、相続人Bには不動産、相続人Cには株式。

（2）代償分割

　相続人の一部が遺産の現物（例：不動産など）を所有し、その他の相続人に代償金を支払う分割方法です。代償金額は遺産分割協議の中で自由に設定できます。

> 例）被相続人の遺産に評価額6000万円の土地があり、相続人が配偶者と子供2人の場合。代償分割を行うと、例えば配偶者が土地を現物で相続し、子供2人にそれぞれ1500万円の代償金を支払います。

（3）換価分割

　遺産を売却し、いったん現金化した上で、その代金を相続人で分割する方法です。

> 例）相続人が配偶者と子供2人の場合に、株式を売却した代金3000万円を配偶者に1500万円、子供2人にそれぞれ750万円ずつ配分する。

（4）共有分割（名義）

　遺産分割協議や法定相続分に応じて相続財産の一部や全てを共有する分割方法です。例えばある不動産を3人の相続人で共有分割したとすると、3人の持分はそれぞれ全体の3分の1ずつになります。

　共有分割は、親子間では揉めることは少ないですが、きょうだい間の場合は揉めるケースが多いので、なるべく避けましょう。

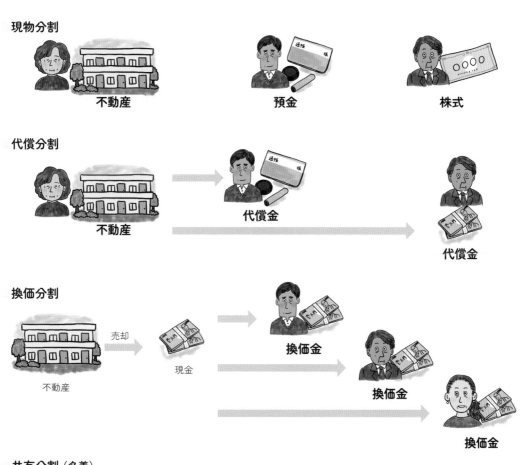

現物分割

不動産　　　預金　　　株式

代償分割

不動産　　　代償金　　　代償金

換価分割

不動産　　売却　現金　　換価金　換価金　換価金

共有分割（名義）

持分3分の1　持分3分の1　持分3分の1

11 　納税をするための原資の確保

土地はあるが現金が足りない……という、
農家さんや地主さんのための納税対策の基礎知識です。

　相続の手続きは無事に終えたとしても、いざ相続税を支払おうと思ったら現金が足りないということにならないように、相続が発生する前から計画的に**相続税の原資**を確保しておきましょう。

生前贈与の暦年贈与を行う

　贈与では年間110万円までは基礎控除による非課税のため贈与税がかかりません。暦年贈与ではこの贈与税の非課税枠を利用した贈与になります。毎年ごとに贈与（**連年贈与**）を行うことで、将来の遺産総額が減り、相続税対策になります。

　ただし、始めから一定の期間行う**定期給付**（**定期贈与**）が目的だったとみなされてしまうと贈与税がかかってしまいますので注意が必要です。

貯蓄などから充当する

　老後資金などの貯蓄や退職金、年金積立、財形などを納税に充当します。すでにある資金を充当するため、相続税支払いの原資としては最も現実できといえるでしょう。ただしその分、老後資金が減ってしまうため、あらかじめ相続税支払い後の老後資金計画についても考えておく必要があります。

生命保険への加入

　生命保険に加入しその受取人を将来の相続人にしておくことで、被保険者となっている被相続人の死後、相続人に死亡保険金が支払われます。

金融機関で借りる

金融機関から相続税資金目的の融資を受けることも選択肢の一つになります。相続後に家賃収入などで返済の見込みや、不動産売却を行い返済の目途が見込めるならば金融機関から借入が可能です。

資産の売却

相続資産を売却し相続税の支払いに充当することも選択肢の一つになります。ただし、相続税の納付は相続を知ってから10か月以内に行わなければならないため、この期間内に売却先が見つからない可能性も考慮しておきましょう。この場合は、いったん金融機関から借入して払うことも視野に入れましょう。

この他にも原資の確保とは意味合いが異なりますが、**延納**あるいは**物納制度**を利用するのも一つの方法です。ただし、物納に関してはどんな財産でもそれにあてることができるわけではありません。

詳しくは3章で解説しているので、再度お読みください。

相続の手続きの基礎知識・流れ

物納できる財産の種類

順位	物納に充てることのできる財産の種類
第1順位	①**不動産、船舶、国債証券、地方債証券、上場株式等**※1 ※1：特別の法律により法人の発行する債券及び出資証券を含み、短期社債等を除く
	②**不動産及び上場株式のうち物納劣後財産に該当するもの**
第2順位	③**非上場株式等**※2 ※2：特別の法律により法人の発行する債券　及び出資証券を含み、短期社債等を除く
	④**非上場株式のうち物納劣後財産に該当するもの**
第3順位	⑤**動産**

出典：国税庁パンフレットを改変

145

12 生産緑地を納税地に するときの事前準備①

生産緑地の解除ができる条件を知っておきましょう。

　かつて高度経済成長期には、宅地供給のために市街化区域にある農地の宅地化が推奨され、農地は宅地並の課税となり、多くの農地が宅地化されました。しかし、その結果、農地や緑地が減少し、都市環境の整備と市街化区域に農地を確保するために**生産緑地**法が1974年に制定されました。

　生産緑地とはこの生産緑地法によって生産緑地に指定された市街化区域内の農地のことで、継続して（30年間）生産緑地として所有・管理することで、市街化区域内の一般農地に比べて**固定資産税と都市計画税が優遇されます**。例えば、固定資産税については、市街化区域内の一般農地と比べて約100分の1に軽減されます。

　また、相続税に関しては生産緑地として終身営農することを条件に納税の猶予が受けられる優遇措置があります。納税猶予の手続きを行うと、農業投資価格を超える部分の課税価格に対する納税が猶予され、その相続人の死亡等の一定の場合には、その猶予額は免除されます。

　ただし、農地としての管理・運用が前提となるため、土地を農業以外の用途には使えない、建築物を建てられないなどの制限があります。一度、生産緑地に指定されると好きな時にその指定解除を受けることができるわけではありません。生産緑地の解除を受けることができるのは、以下の場合です。

---

①生産緑地の指定を受けた日から30年が経過した時

②その生産緑地の主たる農業等従事者が死亡した時

③その生産緑地の主たる農業等従事者が農業等に従事することができない故障が生じた時

※生産緑地の指定を解除するには、上記①〜③いずれの場合でも、必ず市町村に対して
　生産緑地の買取の申出を行わなければなりません。

農地の種類と固定資産税額

農地の種類			評価	課税 （負担調整措置）	税額 （円／㎡）
農地	市街化区域農地	一般農地	農地評価	農地	1
		生産緑地地区の指定を受けた農地	農地評価	農地	3
		一般市街化区域農地	宅地並評価	農地に準じる	83
		三大都市圏の特定市の市街化区域農地	宅地並評価	宅地並	388

出典：https://www.zeirisi.co.jp/souzoku-nouchi/productive-green-inheritance/を元に作成

農地

生産緑地地区

13 生産緑地を納税地に するときの事前準備②

生産緑地を相続する際のメリット、デメリットを
知っておきましょう。

　前記のように生産緑地の指定を受けていると、税制上のメリットはありますが、同時に様々な制約も存在します。したがって、生産緑地を相続する際には、相続後の生産緑地のメリットとデメリットをよく比較した上でどうするのかを決定する必要があります。

2通りの生産緑地の扱い方

　生産緑地を相続する場合の、生産緑地の扱いについては以下の2つの選択肢があります。

> ①生産緑地の指定を継続する
> ②生産緑地の指定を解除する

①生産緑地の指定を継続する

　生産緑地に指定された農地を相続時に買取を申出なかった場合には、相続後も生産緑地として継続して所有・管理していくことになります。固定資産税は農地課税となり、相続税は納税猶予を措置が受けられます。

②生産緑地の指定を解除する

　前ページでお伝えしたように、生産緑地の指定解除を受けることができる場合は3つあります。指定解除を受ける場合には、必ず市町村に対して買い取り申出をすることになりますが、市町村がこの申出に応じず、また他の農業等希望者へのあっせんを行っても売買が成立しなかった場合には、申出から3か月を経過すれば生産緑地法の指定が解除されます。

　相続時点で生産緑地を解除した後は、2つの選択肢があります。ひとつが納税資金のために売却する、もうひとつが、農地を宅地に転用してアパートなどを建設し、有効活用する方法です。

相続後、納税猶予を受けた生産緑地を
一部だけ解除する場合の留意点

　生産緑地の解除は原則所有する全ての生産緑地に対して行われますが、市町村によっては生産緑地の一部解除が認められています。

　相続後、一部解除をした場合に、相続税の納税猶予が残った生産緑地には継続して適用されます。ただし、一部解除する場合は納税猶予適用農地等（生産緑地以外の農地等も含む）全体の面積の20％以内の範囲でなければすべて解除されますのでご注意ください。

生産緑地の指定継続と解除の特徴

選択肢	生産緑地法の規制	固定資産税の課税	相続税等の納税猶予
生産緑地の指定を**継続する**	あり	**農地課税**（負担軽減）	**適用あり**（負担軽減）
生産緑地の指定を**解除する**	なし	**宅地並課税**（負担増）	**適用なし**（負担増）

14 納税猶予という農家の特例①

農家なら知っておきたい「納税猶予特例」について
ご紹介します。

　農家の相続税の優遇措置として、実質納税が免除になる**農地の納税猶予特例**があります。
　農地の納税猶予特例とは、農地の相続税または贈与税の支払いが猶予される制度です。具体的には、農業を営む人が農地を相続することになった際、農業を継続する間に適用される特例です。
　この特例において猶予される相続税額を**農地等納税猶予税額**といいます。この農地等納税猶予税額は、下記のいずれかに該当することとなったときに免除されます。
　なお、相続時精算課税に係る贈与によって取得した農地等については、この特例の適用を受けることはできません。

　この特例を受けることができるのは、次の要件に該当する場合です。

（1）被相続人の要件（次のいずれかに該当する人であること）

①死亡の日まで農業を営んでいた人

②農地等の生前一括贈与をした人（死亡の日まで受贈者が贈与税の納税猶予又は納期限の延長の特例の適用を受けていた場合に限られます。）

③死亡の日まで相続税の納税猶予の適用を受けていた農業相続人又は農地等の生前一括贈与の適用を受けていた受贈者で、障害、疾病などの事由により自己の農業の用に供することが困難な状態であるため賃借権等の設定による貸付け（以下「営農困難時貸付け」といいます。）をし、税務署長に届出をした人

④死亡の日まで特定貸付け等を行っていた人

※特定貸付け等とは、農業経営基盤強化促進法、都市農地の貸借の円滑化に関する法律又は特定農地貸付けに関する農地法等の特例に関する法律などの規定による一定の貸付けをいいます。

農地の納税猶予特例における納税猶予のイメージ

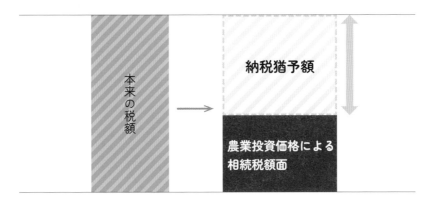

本来の税額 → 納税猶予額 ／ 農業投資価格による相続税額面

市街地農地のイメージ

15 納税猶予という農家の特例②

農家の特例には注意してもらいたいポイントがあります。

（2）農業相続人の要件

被相続人の相続人で、次のいずれかに該当する人であること。

①相続税の申告期限までに農業経営を開始し、その後も引き続き農業経営を行うと認められる人

②農地等の生前一括贈与の特例の適用を受けた受贈者で、特例付加年金又は経営移譲年金の支給を受けるためその推定相続人の1人に対し農地等について使用貸借による権利を設定して、農業経営を移譲し、税務署長に届出をした人（贈与者の死亡の日後も引き続いてその推定相続人が農業経営を行うものに限ります。）

③農地等の生前一括贈与の特例の適用を受けた受贈者で、営農困難時貸付けをし、税務署長に届出をした人（贈与者の死亡後も引き続いて賃借権等の設定による貸付けを行うものに限ります。）

④相続税の申告期限までに特定貸付け等を行った人（農地等の生前一括贈与の特例の適用を受けた受贈者である場合には、相続税の申告期限において特定貸付け等を行っている人）

（3）特例農地等の要件

次のいずれかに該当するものであり、相続税の期限内申告書にこの特例の適用を受ける旨が記載されたものであること。

①被相続人が農業の用に供していた農地等で相続税の申告期限までに遺産分割されたもの

②被相続人が特定貸付け等を行っていた農地又は採草放牧地で相続税の申告期限までに遺産分割されたもの

③被相続人が営農困難時貸付けを行っていた農地等で相続税の申告期限までに遺産分割されたもの

特例の区分と納税免除の条件

特例区分	相続税	贈与税
納税免除の条件	・特例の適用を受けた相続人が死亡した場合 ・農業後継者にその生産緑地を一括で生前贈与した場合	受贈者または贈与者のいずれかが死亡した場合

④被相続人から生前一括贈与により取得した農地等で被相続人の死亡の時まで贈与税の納税猶予又は納期限の延長の特例の適用を受けていたもの

⑤相続や遺贈によって財産を取得した人が相続開始の年に被相続人から生前一括贈与を受けていたもの

（4）納税猶予が実質免除になる場合

次の場合には農地の納税猶予の特例で猶予されていた税額が免除され、相続税を納めなくてもよくなります。

> 農地を相続した相続人が死亡したとき
>
> 三大都市圏特定市以外の市街化区域内の農地（生産緑地を除く）については、農地を相続した相続人が20年間農業を継続したとき
>
> 農地を相続した相続人が後継者に生前一括贈与したとき

逆に農業をやめた場合などには猶予が取り消され、利子税とともに贈与税・相続税を納付しなければなりません。

この特例を受けた場合には、農地を相続した人の世代は原則として、死亡するまで農地としての利用しかできません。一生涯にわたるため、現在、就農可能な年齢だからといって安易に適用せず、慎重な判断が必要です。

ただし、第三者に一定の要件を満たして農地として貸し付ければ、特例は適用されます。

16　更正の請求ポイント

申告期限後に相続した土地評価などが異なっていた場合、相続税が返ってきます。

相続税の申告期限後、本来納める金額よりも多く納めてしまった場合、5年以内（被相続人が死亡してから5年10か月以内）であれば、相続税減額の更正請求ができます。

とくに土地評価で当初、申告を担当した税理士が土地評価の「減価要因」を見落としている場合や、さらに鑑定評価による申告に切り替えることで評価額が下がるケースがあります。以下の点が、ポイントとなります。

---

①評価単位が間違っていた場合

②画地補正率が間違っていた場合

③不整形地の補正率が抜けていた場合

④土地の「減価要因」が反映されていない場合

「減価要因」については、2章で詳しく触れています。

土地評価に詳しい税理士なら事前に気づける点ですが、専門外の領域であることも多いので、これを機会に見直してみてはいかがでしょうか。

この他に路線価評価額が時価を上回っている場合は、鑑定評価による更正の請求ができます。

上記のようなケースがある場合には、適正な評価がされているかを土地評価に詳しい税理士や不動産鑑定士に見てもらいましょう。

当事務所でも更正請求した結果、1000万円以上の還付がなされた事例があります。

17　忘れた頃に連絡ある税務調査

相続後 2 年以上経って、突然、税務署がやってくることも……。

相続税の申告をして相続税の納付も済ませたら終わりと思いきや、後日税務署から税務調査の連絡が入ることがあります。

税務調査は実質強制と同じ

税務調査は任意と強制のものがありますが、任意の税務調査を拒否すると強制調査が入りますので、実質強制という認識をもっていたほうがいいでしょう。税務署や税務調査官の心証を悪くしないためにも、最初に税務署から連絡があった時点で素直に応じた方が無難だといえます。税務調査が入る時期は、申告の翌年か翌々年であることが多いですが、2 年以上経って入ることもあります。

相続税の申告は、所得税などと違い毎年行うものではなく一生に一度しか行われないという人も多く、納税者自身が申告した場合、申告書の書き方に慣れてない人がほとんどです。したがって、単純な計算ミスや記入ミスなどが発生し、実際に、相続税の税務調査では 8 割ほどの人が申告漏れを指摘され、追徴課税を支払っているとも言われます。相続額が大きな場合には特に税務調査が入る確率が高くなりますが、申告漏れとされる財産は現金や預貯金の割合が高くなっていますので、これらは念入りに確認しておく必要があります。

税務調査が入る確率を下げるためにも、申告書類を正しく記入し相続財産について適切に把握しておくことが重要です。原則として税の専門家である税理士に依頼した方がいいでしょう。とくに相続税の申告を専門とする税理士に依頼しましょう。

よくあるのが「名義預金」の調査です。
行なう際はプロのアドバイスで、手続きをしっかり行ってください。

おわりに

　最後までお読みいただき、ありがとうございました。

　地主さん・農家さんである皆様ならではの相続対策として、何かしらのヒントを得ていただいたなら、著者両名ともにうれしく思います。

　地主さん・農家さんは資産をお持ちだからこそ、固定資産税、所得税などの税金をずっと負担をしておられますので、意識の高い方が多く、常に勉強したり、情報収集をされていることでしょう。そうした方でも、相続になると多くの相続税を負担されているかもしれません。（過大に申告しても税務署の方たちは、親切に指南はしてくれません笑）。

　とくに、相続の場面では、士業の専門家に依頼して相続税の申告や相続手続きをされると思います。そのようなときこそ、「相談の入り口を間違えないでほしい」とも、合わせてお伝えいたします。

　税務や法務のプロであっても、“相続”の諸問題解決の経験が少ない方も少なからずいらっしゃいます。対談パートでもお伝えしましたが、一般的な税理士さんなら、相続事案に携わるのが5年に一度くらいなものです。特に物納ともなれば、税務と不動産の知識が必要です。

　また、相続対策は事が起きる前の土地活用や資産組替、遺言書などの「生前対策」のプラン作りも重要になります。

　本書で、節税や物納の大枠を理解していただいた後は、私たちのような相続に精通したプロとともに、成功かつ円満となる相続対策を行ってみてください。

　巻末に両著者それぞれのお問合せ窓口も掲載しました。対策に迷われたときや、専門家の意見を聞いてみたい方は、ぜひご活用ください。

　経済面でも感情面でも、皆様の不安を解消するべく、アドバイスやご提案、サポートをさせていただきます。

　2023年2月

沖田不動産鑑定士・税理士・　　　　**沖田 豊明**
行政書士事務所

株式会社夢相続 代表取締役・　　　　**曽根 恵子**
一般社団法人相続実務協会 代表理事

MEMO

読 者 特 典

本書をお読みいただき、
ありがとうございました。

　本書の内容に共感していただいた方に、両著者より、
読者特典（無料個別相談など）のご案内がございます。
　読者の方のお悩みに関することがございましたら、
次ページのＱＲコードよりアクセスしてください。

　　　　著者：沖田豊明・曽根恵子

※上記特典は予告なく終了する場合もございます。
　あらかじめご了承ください。

沖田不動産鑑定士・税理士・行政書士事務所

1. 相続発生後の手続きの代行
2. 相続税の申告
3. 物納、納税戦略の立案・実行
4. 相続税の時価申告の判定及び鑑定
5. 納めた相続税の還付請求

以上の業務を承ります。

60分無料個別相談の
お申込はこちらから

お問合せ用QRコード
∨

株式会社夢相続 ○ 夢相続

相続の相談・プラン作りなら
わたしたちにおまかせください

資産組替　不動産購入　土地活用　遺言書　民事信託　生命保険

（株）夢相続の専属の相続実務士®がご相談対応いたします。

60分無料個別相談のお申込はこちらから

（下記QRコードからご応募ください）

［著者略歴］

沖田 豊明（おきた・とよあき）

沖田不動産鑑定士・税理士・行政書士事務所 所長
1999年、不動産評価・相続資産税専門型の事務所として埼玉県川口市に開業。不動産鑑定士でもある専門知識を活かした「相続税に関する土地評価」を得意分野とし、各税理士会支部研修の講師も多数行っている。著書に『不動産の活用法 プロがきちんと教えます』（あさ出版）などがある。

曽根 恵子（そね・けいこ）

株式会社夢相続 代表取締役
一般社団法人相続実務協会 代表理事
相続実務士®
公認不動産コンサルティングマスター相続専門士
「相続実務士®」の創始者として累計1万5000件の相続相談に対処。弁護士・税理士・司法書士、不動産鑑定士など相続に関わる専門家と提携し、感情面、経済面に配慮した"オーダーメード相続"を提案、実務をサポートしている。
主な著書に『図解90分でわかる！はじめての相続』（クロスメディア・パブリッシング）『いちばんわかりやすい 相続・贈与の本』（成美堂出版）ほか71冊。累計63万部。テレビ・ラジオ出演190回、新聞・雑誌取材1005回、セミナー講師600回。

....

相続になっても困らない 地主・農家さんのための
"負"動産対策

2023年3月1日 初版発行

著 者	沖田豊明・曽根恵子
発行者	小早川幸一郎
発 行	株式会社クロスメディア・パブリッシング

〒151-0051 東京都渋谷区千駄ヶ谷4-20-3 東栄神宮外苑ビル
https://www.cm-publishing.co.jp
◎本の内容に関するお問い合わせ先：TEL (03)5413-3140／FAX (03)5413-3141

発 売	株式会社インプレス

〒101-0051 東京都千代田区神田神保町一丁目105番地
◎乱丁本・落丁本などのお問い合わせ先：FAX (03)6837-5023
service@impress.co.jp
※古書店で購入されたものについてはお取り替えできません

印刷・製本	株式会社シナノ